BLED 5e

12/13 ans

Français

Daniel Berlion

Alain Robert

hachette
ÉDUCATION

les leçons

Ce qu'il faut savoir

Des exercices progressifs pour s'entraîner

Une astuce ou un conseil à retenir

les corrigés

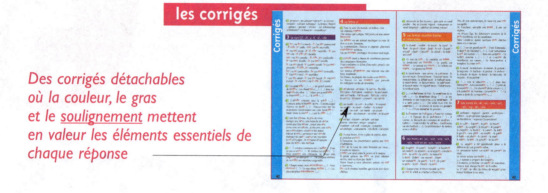

Des corrigés détachables où la couleur, le gras et le soulignement mettent en valeur les éléments essentiels de chaque réponse

les dictées bilan

Des dictées détachables centrées sur la difficulté de chaque leçon, regroupées au centre de l'ouvrage

Les fichiers audio des dictées accompagnées du symbole 🎧 sont téléchargeables gratuitement sur www.bled.hachette-education.com

Couverture
Conception graphique : Karine Nayé
Dessin de couverture : Julien Flamand

Intérieur
Conception graphique : Karine Nayé
Réalisation PAO : Lasergraphie
Illustrations : Jean-Christophe Raufflet

www.hachette-education.com
ISBN : 978-2-01-160875-8

© HACHETTE LIVRE 2012, 43, quai de Grenelle, 75905 Paris Cedex 15
Tous droits de traduction, de reproduction et d'adaptation réservés pour tous pays.

Chaque fois que vous avez fini une leçon,
cochez la case puis écrivez la date.

ORTHOGRAPHE

1. Les sons [ʒ] et [g] : *gi, ge, gy, geo, gea, j – ga, go, gu, gue, gui, guy* ☐
2. Les noms terminés par le son [o] ☐
3. Le son [j] : *ill, y, ll, -il, -ille* ☐
4. La lettre *x* ☐
5. Les lettres muettes finales et intercalées ☐
6. Les noms en *-oi, -oie, -oix, -oit, -ois, -oid* et en *-oir, -oire* ☐
7. Les noms en *-et, -ai, -aie, -ait, -ais, -ey, -ès, -aix* ☐
8. Les noms masculins et féminins en *-é, -ée, -er, -té, -tié* ☐
9. Les homonymes ☐
10. *on – ont* ☐
11. *quel(s), quelle(s) – qu'elle(s)* ☐
12. *ce (c') – se (s')* ☐
13. *quand, quant, qu'en – plus tôt, plutôt* ☐

GRAMMAIRE

14. Le pluriel des noms ☐
15. L'accord des adjectifs qualificatifs ☐
16. L'attribut du sujet ☐
17. Le complément du nom ☐
18. L'accord du verbe ☐
19. Le participe passé employé avec l'auxiliaire *être* ☐
20. Le participe passé employé avec l'auxiliaire *avoir* ☐
21. Le participe passé ou le verbe conjugué à un temps simple ☐
22. Les propositions indépendantes, coordonnées, juxtaposées ☐
23. Les compléments circonstanciels ☐

CONJUGAISON

24. Le présent de l'indicatif des verbes des 2e et 3e groupes ☐
25. Le présent de l'indicatif des verbes comme *céder* et *semer*, en *-eler* et *-eter* ☐
26. L'imparfait de l'indicatif ☐
27. Le futur simple de l'indicatif ☐
28. Le passé simple de l'indicatif ☐
29. Les temps composés de l'indicatif ☐
30. Le présent du conditionnel ☐
31. Le présent du subjonctif ☐
32. Le présent de l'impératif ☐
33. Voix active – Voix passive ☐
34. Les formes affirmative, négative et impersonnelle ☐

Quelques signes phonétiques

[e] été – bouée – chanter – assez
[ɛ] flèche – être – vrai – cassette – terre – neige
[a] patte – car – femme
[o] piano – eau – aussitôt
[ø] feu – deux
[g] gare – bague – guide
[ʒ] jaune – âge – pigeon – gitan
[j] paille – travail – pied – yeux – fille
[w] oui – fouet – ouest

Sommaire

Orthographe 1 — Les sons [ʒ] et [g] : *gi, ge, gy, geo, gea, j – ga, go, gu, gue, gui, guy*

[ʒ][g]

- Le son [ʒ] s'écrit le plus souvent **g** devant **e**, **i**, **y**.
  le **g**este, la volti**g**e, a**g**ile, l'ori**g**ine, la **g**ymnastique, l'É**g**ypte
  Devant **a** et **o**, il s'écrit assez souvent **j**.
  le **j**ardin, le **j**oueur, la **j**ustice, dé**j**à, **j**oli, **j**uillet
  Attention, il y a quelques exceptions devant le **e**.
  elles **j**ettent, **j**eune, l'ob**j**et, le su**j**et, le **j**eton, ma**j**eur
  Devant **a** et **o**, il faut placer un **e** après le **g** pour obtenir le son [ʒ].
  il na**ge**ait, le **gé**ant, il plon**ge**a – **Ge**orges, le plon**ge**oir
- Le son [g] s'écrit **g** devant **a**, **o**, **u**.
  le **g**arage, le **g**ouffre, lu**g**ubre, re**g**arder, la ri**g**ole, **G**ustave
  Devant **e** et **i**, il faut placer un **u** après le **g** pour obtenir le son [g].
  la va**gu**e, la **gu**itare, la **gu**erre, **Gu**y

1 Complétez chaque phrase avec le mot qui convient.

jazz - diagnostic - anguille - aiguille - gingembre - rugby - jean - jaguar

Olga enfile son .... et cherche ses baskets.

C'est dans le Sud-Ouest que le .... se joue avec le plus de passion.

Le .... ressemble au léopard.

Le .... est né dans les rues de la Nouvelle-Orléans.

La vue de Carmen baisse : elle ne peut plus enfiler son ....

On nous cache quelque chose ; il y a .... sous roche.

Mme Wan met un peu de .... dans sa fricassée de poulet.

2 Complétez les expressions suivantes selon le modèle.

déranger	→ en dérangeant les oiseaux	→ des bruits dérangeants
négliger	→ .... les zéros	→ des enfants ....
engager	→ .... les hostilités	→ des propositions ....
plonger	→ .... de haut	→ des vues ....
changer	→ .... les pneus	→ des impressions ....
exiger	→ .... réparation	→ des travaux ....
encourager	→ .... son équipe	→ des paroles ....
converger	→ .... vers la sortie	→ des positions ....

3 Complétez les mots avec ge ou g.

Au printemps, on voit poindre les premiers bour.....ons.
La .....entiane est une fleur des montagnes ; c'est une espèce protégée.
Les pi.....ons peuvent causer des dégâts aux monuments.
La .....irafe est certainement l'animal qui a le plus long cou.
La rou.....ole est une maladie mortelle dans beaucoup de pays en voie de développement.
Frédéric est si timide qu'il rou.....it pour un rien.

4 Devinettes. Dans tous les noms à découvrir on entend le son [ʒ].

Avec les œufs de ce poisson, on obtient le caviar.   l'es..
Au Moyen Âge, c'étaient les habitants du bourg.   les bour..
Quelqu'un qui ne tient pas en place l'a !   la bou..
Celle que portent les Écossais s'appelle un kilt !   une ....
Le proverbe dit que c'est un plat qui se mange froid.   la ven..
Elles permettent au poisson de se déplacer.   les na..
Il faut une piscine profonde pour le pratiquer.   le plon...

5 Complétez avec des noms dans lesquels on trouve ga ou go.

À Venise, nous nous sommes promenés en ....dole.
L'art ....thique a succédé à l'art roman.
Un octo............ est un poly............ à huit côtés.
Maryse a appris le lan................. des sourds : elle s'exprime par gestes.
Les douaniers fouillent la car.................... d'un navire suspect.
Le dra................. cracha du feu à l'approche du chevalier.
La jument et son poulain ....badent dans le pré.
C'est en Chine et au Japon que l'on trouve les plus belles pa................. .
Autrefois, les paysans devaient payer un impôt sur le sel : la ....belle.

Les verbes en **-guer** conservent le **u** dans toute leur conjugaison, même s'il se trouve devant un **o** ou un **a**, puisque cette lettre appartient au radical.

il navi**gu**e, nous navi**gu**ons, il navi**gu**ait, il navi**gu**era, il navi**gu**a

Orthographe 2 — Les noms terminés par le son [o]

Beaucoup de noms terminés par le son [o] s'écrivent **-eau**.
le ruiss**eau**, le fus**eau**, le band**eau**, le morc**eau**, le cout**eau**

Mais il y a bien d'autres terminaisons :
le s**aut**, le boy**au**, le crap**aud**, le t**aux**...
un vél**o**, le tri**o**, le micr**o**, le hubl**ot**, l'accr**oc**, le rep**os**, le sir**op**

En cas de doute, il est donc préférable de consulter un dictionnaire.

1 Complétez ces noms qui se terminent tous par le son [o].

un pian………   un haric………   la radi………   un taur………
un brav………   un studi………   un rés………   un micr………
un écrit………   le bourr………   un zér………   le fus………
un sangl………   un cach………   un ros………   un cham………
un cachal………   un lumbag………   un moin………   un matel………
un berling………   un lavab………   un éch………   un encl………

2 Complétez selon l'exemple.

Un petit arbre est un arbrisseau.

Un petit lion est ………………………………
Un petit mouton est ………………………………
Un petit chien est ………………………………
Le petit de la souris est ………………………………
Le petit de la perdrix est ………………………………

Un petit renard est ………………………………
Le petit de la chèvre est ………………………………
Un petit loup est ………………………………
Un petit dindon est ………………………………
Un petit jambon est ………………………………

3 Complétez ces noms qui se terminent tous par le son [o].

Sur les lettres officielles, le roi de France apposait le sc………… royal.

Cosette revenait de la fontaine en portant un s………… trop lourd pour elle.

Le Rad………… de la Méduse est un célèbre tabl………… de Théodore Géricault.

Le petit levr………… fait des s…………s au milieu des artich…………s .

Le crap………… est laid, mais il est fort utile dans un jardin.

Le cabill………… est le nom donné à la morue fraîche.

Ces garnements ont cassé un p………… de géraniums en jouant au football.

4 **Complétez ces noms qui se terminent tous par le son [o]. Attention aux accords lorsque les mots sont au pluriel.**

Les petits ruiss............ font les grandes rivières.

Deux ois............ s'accordent mal devant un seul épi.

Les joy............ de la couronne d'Angleterre sont exposés à Londres.

Comme il n'a pas de verre, Germain boit au goul............ .

Attila était surnommé le flé......... de Dieu.

Julien boit une cuillerée de sir......... pour la toux.

Le poir.......... parfume agréablement la soupe.

Les alpinistes se lancent à l'ass.......... du dôme des Écrins.

5 **Devinettes. Tous les noms se terminent par le son [o].**

Ouverture dans le fuselage d'un avion.	un hu....................
Voiture d'enfant.	un lan....................
Personne qui s'empare malhonnêtement d'un bien.	un esc....................
Mollusque qui sort ses cornes sous la pluie.	un esc....................
À l'intérieur d'une pêche ou d'un abricot.	un no....................
Chaussures d'autrefois que portaient les paysans.	les sa....................
Il permet d'étaler la peinture sur la toile.	le pin....................
En ville, il transporte des voyageurs sous terre.	le mé....................

6 **Écrivez des mots de la même famille pour justifier la lettre finale.**

le pot → *le potier*

le propos →		un canot →	
le repos →		un sursaut →	
le robot →		le flot →	
le galop →		le pivot →	
le tricot →		un échafaud →	
le haut →		un maillot →	

---

mémo futé

Il est parfois possible de trouver la terminaison à l'aide d'un mot de la même famille :

l'accro**c** → accro**c**her   le do**s** → le do**s**sier   le sau**t** → sau**t**er

Mais quelquefois il n'y en a pas ! **l'artichaut, l'escargot**... sont des mots isolés. Alors, en cas de doute, il faut consulter un dictionnaire.

Orthographe 3 — Le son [j] : *ill, y, ll, -il, -ille*

A [j] !

- Quand le son [j] s'écrit **ill**, la lettre **i** est inséparable des deux **l** et ne se prononce pas avec la voyelle qui la précède.
  il trava*ille*, il ta*ille*, il mou*ille*, la feu*ille*, le ca*ill*ou

- Le son [j] peut aussi s'écrire avec un **y** ; dans ce cas, le **y** a généralement la valeur de deux **i**, dont le premier se prononce lié avec la voyelle qui précède et le second lié avec la voyelle qui suit.
  l'emplo*y*é, le tu*y*au, netto*y*er

- Le son [j] peut aussi s'écrire **-ll** :
  la bi*ll*e, la gri*ll*ade, la cheni*ll*e, Cendri*ll*on

- Les noms masculins terminés par [j] s'écrivent **-il**.
  le porta*il*, le vitra*il*, le sole*il*, le seu*il*, le fenou*il*

- Les noms féminins terminés par [j] s'écrivent **-ille**.
  la ta*ille*, une merve*ille*, une gargou*ille*, la feu*ille*

- **Le porte*feuille*, le chèvre*feuille*, le mille*feuille*** s'écrivent **-ille** parce qu'ils sont formés avec le nom féminin **feuille**.

1. Placez un article devant les noms et un pronom personnel devant les verbes. (Deux mots peuvent être des noms ou des verbes.)

… conseils	… gouvernail	… raille	… merveille
… réveil	… surveille	… rail	… mouille
… canaille	… bredouille	… douille	… nouille
… détail	… vitrail	… groseille	… croustille
… patrouilles	… trouvaille	… corail	… mordilles
… émail	… bétail	… portail	… rouille

2. Complétez avec des noms terminés par *-euil* ou *-euille*.

Les é……………s ont un pelage roux et adorent les noisettes.

Un cahier comporte toujours un grand nombre de f……………s .

Les ch……………s vivent dans les forêts ; ils sont plus petits que les cerfs.

Nous étions tous bien installés dans les f……………s du salon.

M. Barry a rangé les billets de banque dans son p…………… .

Le bouv…………… est un oiseau des campagnes françaises.

Le facteur reste sur le s…………… et il nous remet une lettre.

3 **Complétez avec des mots dans lesquels on entend le son [j].**

L'ab............... s'oriente avec le sol............... pour regagner sa ruche.

L'aimant attire la lim............... de fer.

L'archéologue observe en dét............... l'ancienne muraille du château.

Pouvez-vous lire les indications mentionnées sur cette bout............... ?

Kader finira le trav............... de la journée par la t............... de la haie de troènes.

4 **Complétez les mots avec ai ou ay, oi ou oy, ui ou uy.**

| être fort j......eux | manger une n......x | remarquer une r......ure |
| la j......e de vivre | une branche de n......er | tracer une r......e |

| écrire avec un cr......on | un ess......e-mains | baisser la v....x |
| écrire avec une cr......e | s'ess......er les mains | prononcer une v......elle |

| marquer un ess...... | le r...... d'Espagne | faire du br......t |
| ess......er un vêtement | le r......aume d'Espagne | être br......ant |

5 **Complétez ces phrases avec des verbes à l'infinitif dans lesquels on entend le son [j].**

La réunion dure depuis des heures ; certains commencent à bâ............... .

Pour ne pas se no..............., il faut apprendre à nager !

M. Braillon fait gr............... les côtes d'agneau sur le barbecue.

Pour nett............... son vêtement, M. Boyer doit empl............... un détergent.

Au petit matin, le campeur s'efforce de rév............... ses membres engourdis.

6 **Écrivez les verbes entre parenthèses à l'imparfait de l'indicatif.**

(accueillir) Chaque année, nous .... nos cousins à la montagne.

(envoyer) Vous .... régulièrement de vos nouvelles.

(tailler) Le viticulteur .... ses vignes avec le plus grand soin.

(mitrailler) Les photographes .... les jeunes mariés.

Après un **c** ou un **g**, on écrit **-ueil** pour que le **c** conserve le son [k] et le **g** le son [g].

Il faut retenir l'orthographe des mots les plus courants :

acc**ueil**lir, org**ueil**leux, l'éc**ueil**, rec**ueil**lir, le cerc**ueil**

Orthographe 4 — La lettre x

- La lettre **x** se prononce souvent [ks].
le lu x e, le thora x

- Elle se prononce [gz] dans les mots commençant par **ex-**, si le **x** est suivi d'une voyelle ou d'un **h**.
e x a ct, e x i ster, l'e x e mple – e x h iber

- Il faut mettre un **c** après **ex-** si l'on doit prononcer [ks].
ex c ellent, ex c iter

- La lettre **x** peut parfois se prononcer [s].
deu x ième, si x ième

- La lettre **x** peut aussi être muette en fin de mot.
le pri x , la pai x , heureu x

1 Complétez chaque phrase par le mot qui convient.

expéditions – bissextile – toxique – exploit – sphinx

Faire le tour du monde en ballon, c'est un véritable ....

Une année qui compte 366 jours est une année ....

Le .... est un animal mythique à corps de lion et à tête humaine.

Le commandant Charcot a organisé plusieurs .... polaires.

Un gaz .... s'échappe du moteur mal réglé.

2 Complétez les phrases avec des mots dans lesquels on trouve la lettre **x**. Utilisez un dictionnaire.

L'e............ rural a chassé de nombreux paysans des campagnes françaises.

Pour combattre ce début d'incendie, prends vite un e............ .

Les marées d'équi............ ont souvent une très forte amplitude.

En France, la plupart des écoles sont m............ .

Le brevet est un e............ que passent les collégiens, en fin de troisième.

3 Complétez par **x** ou **cc**. Utilisez un dictionnaire.

o......idental   a......éder   le su......ès   fle......ible

l'o......ygène   l'a......ident   mala......er   la pro......imité

une co......inelle   l'a......essoire   l'a......ent   ve......er

le co......yx   a......élérer   conve......e   un va......in

4 Ces noms se terminent par un **x** ou par un **s** ; utilisez un dictionnaire pour les compléter.

un taudi...	la voi...	le reflu...	le remou...
un permi...	le choi...	l'influ...	le redou...
un pri...	un poi...	un intru...	un épou...
une perdri...	un chamoi...	un rébu...	le dessou...

5 Complétez, si nécessaire, ces mots avec un **c**. Utilisez un dictionnaire.

ex...iter	ex...traire	ex...éder	ex...user
ex...ercer	ex...écuter	ex...iger	ex...agérer
ex...aminer	ex...essif	ex...otique	ex...aspérer
ex...entrique	ex...actement	ex...ellent	ex...epter

6 Avec ces neuf lettres, composez des mots dans lesquels on trouve la lettre **x**, pour compléter les phrases. Les mots trouvés n'ont pas tous neuf lettres !

T L A S X I D E N

À cette heure, il n'y a plus de métro, alors je prendrai un ....

À l'automne, les propriétaires paient une .... d'habitation.

L'................. de la roue de cette brouette est cassé ; il faudra le réparer.

L'................. est situé entre le pouce et le majeur.

Il paraît qu'avec un .... on peut allumer un feu, mais ce n'est pas facile !

Victor Hugo a vécu plusieurs années en .... à Guernesey.

.... est le premier nombre qui s'écrit avec deux chiffres.

7 Écrivez ces expressions au singulier. Vous pouvez utiliser un dictionnaire.

scier des vieux tuyaux rouillés → *scier un vieux tuyau rouillé*

découvrir des lieux inconnus → ....

parcourir des canaux paisibles → ....

lire des journaux originaux → ....

transporter des métaux dangereux → ....

admirer des animaux gracieux → ....

N'oubliez pas que la lettre **x** est la marque du **pluriel** pour certains noms.
les caillou**x** – les tableau**x** – les tuyau**x** – les bijou**x** – les jeu**x**

Orthographe 5 — Les lettres muettes finales et intercalées

- Pour trouver la lettre finale d'un nom ou d'un adjectif, on peut essayer de former son féminin ou de chercher un mot de la même famille dans lequel on entend la lettre.
  lon**g** → lon**g**ue ; gran**d** → gran**d**e ; peti**t** → peti**t**e ; lour**d** → lour**d**e
  un paradi**s** → paradi**s**iaque ; le placar**d** → placar**d**er ; le tapi**s** → tapi**s**ser ;
  le fusi**l** → la fusi**l**lade ; le cadena**s** → cadena**s**ser ; l'argen**t** → l'argen**t**erie

  Mais comme on ne trouve pas toujours de mot dérivé, il est prudent de consulter un dictionnaire en cas de doute.
  un flaman**t** rose - un espri**t** - un ban**c** - un caneva**s** - le lila**s**

- Certaines lettres sont muettes à l'intérieur d'un mot.
  le t**h**éâtre, la mét**h**ode, le com**p**table, l'auto**m**ne, l'enrou**e**ment
  Il faut souvent consulter un dictionnaire pour retenir peu à peu leur orthographe.

1 Donnez les mots terminés par une lettre muette de la même famille que ces mots.

reboisé → *le bois*

champêtre	→ le	la confusion	→ ....
la tracasserie	→ le	le canotage	→ le ....
flancher	→ le	pivoter	→ le ....
la franchise	→	allonger	→ ....
la toiture	→ le	le partage	→ la ....
secondaire	→	l'épaisseur	→ ....
accorder	→ l'....................	la climatisation	→ le ....
la rangée	→ le	bondir	→ un ....

2 Écrivez au masculin.

La viande est cuite.	Le rôti ....
La candidate est admise.	Le candidat ....
La rue est interdite.	Le boulevard ....
La foule est séduite.	Le public ....
La porte est ouverte.	Le portail ....
La chanson est reprise.	Le refrain ....
L'épaule est démise.	Le genou ....

3 Écrivez les noms dérivés de ces verbes.

se dénuer → le dénuement

tutoyer	→ le		tuer	→ une ....
payer	→ le		se dévouer	→ le ....
enrouer	→ l'....................		éternuer	→ l'....................
remercier	→ le		déblayer	→ le ....
balbutier	→ le		manier	→ le ....
dénouer	→ le		rallier	→ le ....
licencier	→ le		rapatrier	→ le ....
aboyer	→ l'....................		renflouer	→ le ....

4 Complétez les phrases suivantes avec des mots dans lesquels on trouve un **p** muet.

Le premier prix de cette tombola est un ba.................... de l'air.

Le co.................... de ce café est impeccable : il brille !

Le do.................... dirige les fauves à l'aide de son fouet, mais il ne les frappe pas.

Je me demande ce que représente cette scu.................... .

Il y a s.................... jours dans la semaine.

J'ai refait trois fois les co.................... : il me manque dix euros.

Ce joueur de tennis est prom.................... à renvoyer la balle.

Louis est malade ; il est exe.................... de piscine.

5 Complétez – éventuellement – ces mots par une lettre muette. Consultez un dictionnaire.

Le t...éorème de Pyt...agore a ...anté les soirées de nombreux collégiens.

À l'époque de la pro...ibition de l'alcool, le grand banditisme s'est développé.

À Carnac, se dressent des centaines de men...irs.

L'allée qui menait à la maison de grand-mère était bordée de da...lias.

L'ant...racite est un charbon qui brûle très bien.

La performance de Samira nous a éba...is !

Attention, car la recherche d'un mot de la même famille peut entraîner des erreurs. En cas de doute, il est prudent de consulter un dictionnaire.

un bij**ou** (le bijoutier) – le favor**i** (favoriser) – le caoutchou**c** (caoutchouté)

Orthographe 6 — Les noms en -oi, -oie, -oix, -oit, -ois, -oid et en -oir, -oire

- Les noms masculins terminés par le son [wa] s'écrivent souvent **-ois** ou **-oi**.
le m**ois**, le b**ois**, le cham**ois** – l'empl**oi**, l'env**oi**

Les noms féminins terminés par le son [wa] s'écrivent souvent **-oie**.
la s**oie**, la j**oie**, la v**oie**

Mais il y a d'autres terminaisons ; il est prudent de consulter un dictionnaire en cas de doute.
la l**oi**, le ch**oix**, le dr**oit**, le fr**oid**, le p**oids**…

- Les noms masculins terminés par [waʀ] s'écrivent souvent **-oir**.
le trott**oir**, le peign**oir**, l'esp**oir**, le pouv**oir**

Quelques-uns s'écrivent **-oire**.
le laborat**oire**, l'interrogat**oire**

Les noms féminins terminés par [waʀ] s'écrivent toujours **-oire**.
la vict**oire**, l'hist**oire**

1 Complétez ces noms par **-oi, -oie, -oid, -oit, -ois, -oix**. Utilisez un dictionnaire.

l'expl……   le conv……   l'empl……   le hautb……
un endr……   le désarr……   le bourge……   l'anch……
l'……   la cr……   le ch……   la lampr……
le fr……   l'effr……   un tourn……   l'ém……
un maladr……   le pat……   le r……   la par……
la pr……   la l……   l'env……   la n……

2 Complétez avec les mots homonymes qui conviennent.

voie - voix - vois

Chaque jour, le ténor travaille sa ………… .

Je ………… le soleil se coucher à l'horizon.

Près de son embouchure, la Seine est une ………… navigable.

poids - pois - poix

M. Faucheux surveille son ………… ; il suit un régime.

Au Moyen Âge, les défenseurs versaient de la ………… bouillante sur les assaillants.

Mme Charleux ajoute quelques ………… chiches dans son couscous.

3 Complétez ces noms par **-oi, -oie, -oix, -oit, -ois**. Utilisez un dictionnaire.

Les chefs gaulois étaient hissés sur un grand pav............ .

Dans l'Antiquité, le détr............ de Gibraltar s'appelait les colonnes d'Hercule.

La chaîne de l'Himalaya est surnommée le t............ du monde.

Les Indiens plaçaient leurs flèches dans un carqu............ .

Le beffr............ domine les villes du nord de la France.

Le moteur de la voiture fume ; la courr............ du ventilateur est cassée.

Le haut-parleur a remplacé le porte-v............ .

4 Écrivez les noms en **-oir** ou **-oire** correspondant à ces verbes.

presser → le pressoir

raser	→ le		mâcher	→ la ....
se mirer	→ le		gratter	→ le ....
nager	→ la		hacher	→ le ....
parler	→ le		sécher	→ le ....
dormir	→ le		tirer	→ le ....
laver	→ le		rôtir	→ la ....
vaincre	→ la		se moucher	→ le ....

5 Complétez ces noms par **-oir** ou **-oire**. Vous pouvez consulter un dictionnaire.

Il est midi, les élèves se dirigent vers le réfect............ .

Pierre et Marie Curie passaient de longues heures dans leur laborat............ .

Sans entonn............ , il est difficile de remplir une bouteille.

L'amnésie est une diminution ou une perte totale de la mém............ .

Le pompiste remplit le réserv............ de la voiture.

Le match de hockey se déroule à la patin............ de Morzine.

Le territ............ de Belfort se trouve en Franche-Comté.

La fusée a dévié de sa traject............ ; on pense qu'elle va exploser en vol.

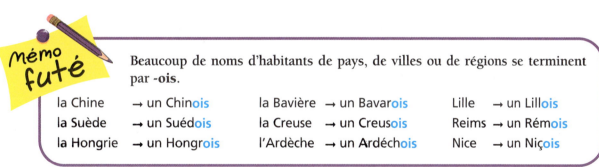

Beaucoup de noms d'habitants de pays, de villes ou de régions se terminent par **-ois**.

la Chine	→ un Chin**ois**	la Bavière	→ un Bavar**ois**	Lille	→ un Lill**ois**
la Suède	→ un Suéd**ois**	la Creuse	→ un Creus**ois**	Reims	→ un Rém**ois**
la Hongrie	→ un Hongr**ois**	l'Ardèche	→ un Ardéch**ois**	Nice	→ un Niç**ois**

Orthographe

7 Les noms en -et, -ai, -aie, -ait, -ais, -ey, -ès, -aix

- La plupart des noms masculins terminés par le son [ɛ] s'écrivent **-et**.
  le bonn**et**, le coffr**et**, le perroqu**et**

  Attention, car il y a d'autres terminaisons.
  le succ**ès**, le qu**ai**, l'asp**ect**, le souh**ait**, le hock**ey**, le rel**ais**

- Les quelques noms féminins terminés par le son [ɛ] s'écrivent **-aie**.
  la b**aie**, la pl**aie**, la monn**aie**

  Exceptions : **la p**aix**, la for**êt****

1 Justifiez l'orthographe de ces noms en donnant un mot de la même famille.

le lait → *la laiterie*

le souhait → ....
le guet → ....
un reflet → ....
un bienfait → ....

le regret → ....
un secret → ....
le progrès → ....
le respect → ....

2 Complétez ces noms par -et, -ai, -aie, -ait, -ès, -ey. Utilisez un dictionnaire.

le voll......   l'attr......   la p......   le brev......
la h......   le coupl......   le hoqu......   le paqu......
le chapel......   le hock......   le corn......   le dél......
le proc......   une pl......   un maill......   le pal......
le bal......   un abc......   le carn......   le jou......
le rel......   la b......   le gobel......   le succ......

3 Complétez ces noms avec la bonne terminaison.

Le susp.......... a été appréhendé grâce à la diffusion de son portr..........-robot.

Le spectateur remet son tick.......... au guich.......... du stade.

Le skieur achète un forf.......... pour la semaine entière.

Pour Mardi gras, maman a préparé des beign..........s .

À la mairie, je réclame un extr.......... de naissance.

Francis doit changer la t.......... de l'oreiller.

Le 1er m.......... , on offre des brins de mugu.......... pour porter bonheur à ses amis.

4 **Charades. Tous les noms se terminent par le son [ɛ].**

Mon premier m'aide à calculer l'aire du disque.
Les bateaux accostent contre mon second.
Mon tout supporte les fils de fer barbelés.   le p................

Mon premier est un grand fleuve italien.
On dit que mon second s'allonge si l'on dit un mensonge.
Mon tout est un cheval de petite taille.   le p................

Mon premier est souvent confondu avec la masse.
Mon second n'est pas très malin.
Mon tout sépare l'avant-bras de la main.   le p................

5 **Complétez ces noms avec la bonne terminaison.**

Les escrimeurs s'affrontent à fleur...... mouchetés.

Pour faire des ricoch...... à la surface de l'eau, prends une pierre plate.

Ce film est sans intér...... ; vous pouvez éteindre la télévision.

Claire replante des roseaux dans le mar...... d'Olivet.

Cette région est très riche en miner...... de fer.

Les médecins se réunissent périodiquement en congr...... .

Le maire assiste au banqu... des pompiers.

6 **Devinettes. Tous les noms se terminent par le son [ɛ].
Tu peux utiliser un dictionnaire.**

C'est la femelle du sanglier.   la l................

On le lance pour commencer une partie de pétanque.   le coch................

Cet arbre protège les cultures dans la vallée du Rhône.   le cy................

En français, il compte vingt-six lettres.   l'al................

Substance qui enrichit un sol pauvre.   un en................

Elle est indispensable pour écrire au tableau noir.   la c................

Ce poisson d'eau douce dévore les petits poissons.   le bro................

Beaucoup de lieux plantés d'arbres (ou d'arbustes) sont des **noms féminins en -aie**.

une palmeraie - une roseraie - une oliveraie - une orangeraie - une bananeraie - une chênaie - une hêtraie - une oseraie

Orthographe

8 Les noms masculins et féminins en -é, -ée, -er, -té, -tié

- Les noms masculins qui se terminent par le son [e] s'écrivent souvent **-er**.
  le routier, le gravier, l'ouvrier, le fermier

  Mais comme il y a d'autres terminaisons, il est prudent de consulter un dictionnaire en cas de doute.
  -é : **le fossé, le blessé**
  -ée : **le musée, le lycée, le scarabée, le trophée...**
  -ed, -ez : **le pied, le nez**

- Les noms féminins terminés par le son [e] s'écrivent souvent **-ée**.
  la randonnée, la durée, la traversée, la vallée, l'arrivée, la tombée, la fumée
  Exception : **la clé**

- Les noms féminins qui se terminent par [te] ou [tje] s'écrivent généralement sans **e**.
  l'extrémité, la moitié, la communauté, l'anxiété, la solidarité, l'indemnité

  Exceptions :
  – **la dictée, la jetée, la montée, la portée, la pâtée**
  – et les noms exprimant un contenu : **l'assiettée, la platée**

1 Placez un article devant ces noms.

... scarabée   ... lycée   ... trophée   ... chaussée
... verger   ... pâté   ... azalée   ... orchidée
... degré   ... priorité   ... odyssée   ... guêpier
... timidité   ... comité   ... pitié   ... chicorée
... giroflée   ... saignée   ... nez   ... marché
... assemblée   ... comté   ... intimité   ... handicapé

2 Transformez selon le modèle. Utilisez un dictionnaire.

un mur fragile   → *la fragilité d'un mur*
un ami fidèle   → ....
une eau claire   → ....
une terre humide   → ....
un sportif loyal   → ....
un cheval nerveux   → ....
un hôtesse aimable   → ....

3 Complétez les phrases avec des noms qui se terminent par le son [e].

Avez-vous déjà visité le m.................... du Louvre ?
La trav.................... du Vercors reste une rando.................... inoubliable.
La devise de la République est : « Li...................., Ég...................., Fr.................... ».
Un chimp.................... s'est échappé et il sème la terreur dans les all............ du zoo.
Face à l'imm.................... du désert, on reste sans voix.
La récolte de pêches est excellente, à la fois en qua.................... et en quan.................... .
Convoqué au commissariat, Richard s'y est rendu de son plein gr.................... .

4 Quels sont ces métiers ? Utilisez un dictionnaire.

Il vend des clous, des vis, des outils…	le quinc....................
Il fabrique et vend des bijoux.	le bi....................
Sur un chantier, c'est lui qui manœuvre la grue.	le g....................
Il installe les lavabos et les baignoires.	le pl....................
Il éteint les incendies et secourt les blessés.	le p....................
Il ressemelle les chaussures.	le cor....................
Il pose les charpentes.	le ch....................

5 Devinettes. Tous les noms se terminent par le son [e].

Dans les contes, le contraire d'une sorcière.	une f....................
Exercice d'orthographe redouté des élèves.	la d....................
Elle protège le port des méfaits de la tempête.	la j....................
Perte ou grande diminution du sens de l'ouïe.	la s....................
Pour résoudre un problème, il faut bien le lire.	l'én....................
On la creuse pour y placer des tuyaux ou des câbles.	la tr....................
Du 1er janvier au 31 décembre.	l'a....................

Un certain nombre de noms terminés par le son [e] dérivent de **participes passés** de verbes du 1er groupe. Ils s'écrivent **-é** au masculin et **-ée** au féminin, même si la lettre **t** précède la terminaison.

un invité – une invitée   un déporté – une déportée

Orthographe 9 — Les homonymes

Les homonymes sont des mots qui ont la même prononciation mais des sens et souvent des orthographes différents.

    le flan – le flanc   l'ancre – l'encre   le champ – le chant

Il faut examiner le sens de l'ensemble de la phrase pour les orthographier correctement.

Je déguste un **flan** à la vanille.   Le cheval tombe sur le **flanc**.
Le bateau lève l'**ancre**.   J'écris avec de l'**encre** violette.
Il cultive un **champ** de blé.   Tu écoutes le **chant** du rossignol.

1 Complétez ces phrases avec un article ou un pronom personnel.

Tu descends …. lit du fleuve.

J'achète …. pain au chocolat.

…. perd sa trousse.

J'aperçois …. fond du puits.

…. vint à mon secours.

Il longe …. voie ferrée.

…. jouent aux dominos.

…. lis le journal.

…. peint un tableau.

Il enfile …. paire de gants.

…. font les pitres.

Elle partira …. vingt du mois de mai.

…. vois une belle locomotive.

Je caresse …. joue du bébé.

2 Complétez chaque phrase avec un des homonymes en couleur.

sel – selle – celle – scelle

M. Justinien suit un régime sans ……………. .

Après son tour de manège, Marie enlève la ……………. de son cheval.

Cette maison bleue est ……………. que je préfère.

Le maçon ……………. les gonds du portail.

chair – cher – chère – chaire

Chez la cigogne, le renard pensait faire bonne ……………. .

Le curé prononçait le sermon du haut de sa ……………. .

M. Alamercery n'achètera pas ce canapé, il est trop ……………. .

L'ogre des contes sent l'odeur de la ……………. fraîche.

cour – court – cours – courre – court

Les deux joueurs de tennis pénètrent sur le ……………. .

En France, la chasse à ……………. n'est plus guère pratiquée.

Le ……………. de technologie de vendredi est supprimé.

Les enfants organisent une partie de ballon-prisonnier dans la ……………. .

Attendez-moi, je vous rejoins dans un ……………. instant.

3 Complétez chaque phrase avec un homonyme du mot entre parenthèses. Utilisez un dictionnaire.

(air)   L'élève a oublié la formule qui permet de calculer l' .... du carré.
(menthe)   La .... religieuse dévore le mâle après l'accouplement.
(content) Sa voiture, Mme Kassel l'a payée ....
(signe)   Majestueux, le .... se déplace lentement sur l'étang.
(pousse)   L'auto-stoppeur lève le .... au bord de la route.
(pend)   Quand il fait la roue, le .... est magnifique.
(leste)   Si la montgolfière veut décoller, il faudra lâcher du ....

4 Complétez avec le verbe homonyme du mot en couleur et écrivez son infinitif. (Attention aux accords.)

un arbre **mort**	Il .... la vie à pleines dents.	....
le **pic** du Midi	La guêpe .... le petit garçon.	....
le **thon** blanc	Papa .... la pelouse.	....
l'**antre** du lion	Les élèves .... au collège.	....
un **vent** du nord	Le boucher .... de la bonne viande.	....
un **coup** de pied	La couturière .... un ruban.	....
une prise de **sang**	Cette fleur .... vraiment bon.	....

5 Complétez les phrases avec les mots entre parenthèses.

(belle-bêle)   Une jeune brebis .... au milieu d'une .... prairie fleurie.
(frais-fraie)   Dans le matin .... , le sanglier se .... un étroit passage.
(guerre-guère) Grand-père ne parle .... de l'époque où il faisait la ....
(pois-poids)   Quel est le .... de cette boîte de petits .... ?
(puis-puits)   Je tire un seau d'eau .... je ferme l'ouverture du ....
(goûte-goutte) Elle ne veut pas que je .... ce sirop, même pas une ....

---

mémo futé

Certains homonymes ont la même orthographe mais des **sens** différents (ils se distinguent souvent par le genre) : ce sont des **homographes**.

le manche du balai → **la manche** de la veste
un moule à gâteau → **une moule** fraîche
un livre de géographie → **une livre** de beurre

Orthographe 10 — on - ont

- **on** est un pronom personnel qui peut être remplacé par un autre pronom (*il* ou *elle*) ou par un nom sujet.
  on attend ; **il** attend ; **le voyageur** attend – **on** lit ; **elle** lit ; **Sonia** lit

- **ont** est la forme conjuguée au présent de l'indicatif du verbe *avoir* : elle peut être remplacée par une autre forme conjuguée de ce verbe (**avaient**, **auront** ...).
  les fleuves **ont** débordé ; les fleuves **avaient** débordé ;
  les fleuves **auront** débordé

1 Écrivez les verbes entre parenthèses au passé composé.

(participer) Les meilleurs athlètes .... aux Jeux olympiques.

(planter) Sur la place, on .... un arbre de la Liberté.

(débuter) Les vendanges .... à la mi-septembre.

(déserter) Les baigneurs frileux .... les plages.

(agiter) Au passage du cortège, on .... des drapeaux.

2 Changez les sujets sans modifier les temps des verbes.

On verra ces films qui ont connu un grand succès.

Tu .... cette émission ....

Nous .... ces épisodes ....

Chloé .... ces documentaires ....

J'arrose la plante verte qui a très soif.

On .... les dahlias ....

Tu .... le palmier ....

Les jardiniers .... les massifs ....

3 Remplacez les mots en couleur par ceux entre parenthèses et accordez.

(les pantalons) **La chemise** a des rayures jaunes.

....

(Mélinda) **On** part de très bonne heure au marché.

....

(les fusées) **La navette spatiale** a quitté la Terre.

....

4 Complétez ces phrases par **on** ou **ont**.

Dans l'Antiquité, ... croyait que la Terre était plate, aussi les marins ....-ils longtemps évité de s'éloigner des côtes. .... avait peur de tomber dans un gouffre. De nos jours, les gens sourient mais à cette époque .... ne possédait pas tous les moyens actuels pour démontrer que la Terre est ronde.

.... a longtemps cru que l'Amérique avait été découverte par Christophe Colomb. Mais, quelques siècles avant lui, les Vikings .... foulé le sol américain. Avec leurs drakkars, ils .... traversé l'océan et .... bravé les tempêtes. .... est certain de ce fait car .... a découvert, près du cap Cod, des pierres sur lesquelles .... été gravées des symboles vikings.

5 Écrivez les noms en couleur au pluriel et accordez.

Le **musicien** a enregistré son premier disque ; on l'écoute avec attention.
....
Le vent souffle ; le **campeur** a enfoncé les piquets de sa tente.
....
Le **virage** est très dangereux ; bien entendu, on ralentit.
....
La **cigogne** a quitté son nid, on ne la reverra qu'au printemps.
....

6 Complétez avec **on** ou **on n'**.

.... avance pas plus vite sur cette autoroute que sur la route nationale.
Si .... abat que cette cloison, ... agrandira guère la pièce.
.... annonce l'arrivée d'un cyclone ; .... évacue toutes les maisons.
.... étale que très peu de beurre sur les tartines.
.... oublie jamais ce que l'.......... a appris à l'école primaire.

---

mémo futé

Quand **on** est le sujet d'un verbe qui commence par **une** voyelle, il faut remplacer **on** par **il** ou **elle** pour savoir si l'on doit écrire la première partie de la négation. Oralement on n'entend pas la différence parce qu'il y a une liaison.

On aperçoit la côte.   Il aperçoit la côte.

On **n'**aperçoit **pas** la côte.   Elle **n'**aperçoit **pas** la côte.

On peut aussi chercher la seconde partie de la négation dans la phrase.

Orthographe 11 — quel(s), quelle(s) – qu'elle(s)

- **quel** est un déterminant ou un pronom variable en genre et en nombre.
  quel score – **quelle** victoire – **quels** résultats – **quelles** réussites

- **qu'elle(s)** est la contraction de « **que elle** » et on peut la remplacer par **qu'il** ou **que lui**.
  L'infirmière, je suis certain **qu'elle** ne me fera pas mal.
  L'infirmier, je suis certain **qu'il** ne me fera pas mal.
  Fabienne n'est pas rassurée mais Henri est plus inquiet **qu'elle**.
  Henri n'est pas rassuré mais Fabienne est plus inquiète **que lui**.

1 Complétez avec quel, quelle, quels ou quelles.

.... belle perruque !　　　　Dans .... région irez-vous ?
.... curieux monuments !　　................ seront les réponses exactes ?
.... étrange regard !　　　　................ dessert préférez-vous ?
.... émissions passionnantes !　................ question saugrenue !
.... célèbres chanteuses !　　Pour .... robe te décides-tu ?
.... chaleur étouffante !　　................ chansons écoutes-tu ?
.... dangereux carrefour !　　................ montagnes gravissez-vous ?

2 Complétez avec quel(s), quelle(s) ou qu'elle(s).

Je vous expédie des huîtres, je crois .... vous feront plaisir.
.... bruit dans la salle avant l'entrée des actrices, je pense .... recevront l'accueil triomphal .... méritent.
.... sont vos lectures préférées ? .... place occupe cette activité dans vos loisirs ?
Avec .... courage et .... ténacité ce chercheur poursuit-il ses travaux !
Mme Rebatel essaie la robe .... vient de choisir.
Ce soir, je reçois mes amies ; je sais .... seront contentes. .... joie de se retrouver !
S'il y a des bouchons sur l'autoroute, à .... heure comptez-vous rentrer ?
La récolte est tardive mais on suppose .... sera abondante.
Dans .... pays se trouve cette vallée merveilleuse ?

3 Transformez selon le modèle. (Attention aux temps des verbes !)

Les serrures fonctionnent.   *Il est préférable qu'elles fonctionnent.*
La mer se calme.   Il est temps ....
Les roses se fanent.   Il est normal ....
Les écolières savent compter. Il est indispensable ....
La récolte est perdue.   Il est assez rare ....
L'avion décolle à l'heure.   Il est préférable ....

4 Observez bien le modèle et supprimez les répétitions.

Comme les routes se dégradent, le maire exige que les routes soient goudronnées.
Comme les routes se dégradent, le maire exige qu'elles soient goudronnées.

La neige tombe drue mais il est probable que la neige ne tiendra pas.

....

Voici quelques photographies, je pense que ces photographies vous plairont.

....

Ne te dirige pas vers cette sortie puisque cette sortie est condamnée.

....

Je nettoie les vitres pour que les vitres laissent mieux passer la lumière.

....

5 Écrivez les noms en couleur au pluriel et accordez.

La **rivière** est polluée : quelle **solution** proposer ?

....

De quel **instrument** le **musicien** va-t-il jouer ?

....

Quelle que soit ton **opinion**, nous la respecterons.

....

> **Quel que** s'écrit en deux mots quand il est suivi du verbe **être** au subjonctif.
> **Quel** est **attribut du sujet**, donc il s'accorde avec lui.
>
> **Quel que** soit le trajet, j'arriverai à l'heure.
> **Quelle que** soit la distance, j'arriverai à l'heure.
> **Quels que** soient les obstacles, j'arriverai à l'heure.
> **Quelles que** soient les embûches, j'arriverai à l'heure.

Orthographe 12 — ce (c') – se (s')

- **se (s')**, pronom personnel réfléchi à la 3ᵉ personne, fait partie d'un verbe pronominal. En conjuguant le verbe, on peut le remplacer par un autre pronom (**me**, **te** …).
  elle **se** voit ; je **me** vois – **s'**approcher ; **m'**approcher – **se** lancer ; **te** lancer

- **ce** est un déterminant ou un pronom démonstratif. On peut le remplacer par un autre déterminant ou par **cela**.
  ce métier ; **un** métier ; **son** métier – **ce** qui lui plairait ; **cela** lui plairait

1 Placez **ce** devant les noms ou **se** devant les verbes.

……. panier	……. couloir	……. verger	……. désir
……. sacrifier	……. voir	……. loger	……. saisir
……. cahier	……. miroir	……. plancher	……. saphir
……. plier	……. prévaloir	……. cacher	……. réjouir
……. métier	……. mouchoir	……. boulanger	……. loisir
……. méfier	……. mouvoir	……. changer	……. blottir
……. sentier	……. rasoir	……. rocher	……. soupir
……. marier	……. revoir	……. pencher	……. raidir
……. vivier	……. réservoir	……. maraîcher	……. plaisir

2 Remplacez les mots en couleur par ceux entre parenthèses et accordez.

(pantalon)   Cette **chemise** me plaît beaucoup et elle me va bien.
……………………………………………………………………………………………………

(les invités)   **Nous** nous rassemblons autour d'une bonne raclette.
……………………………………………………………………………………………………

(Delphine)   Demain matin, **tu** ne te lèveras pas trop tard.
……………………………………………………………………………………………………

(dessert)   J'ai choisi cette **tarte** pour terminer mon repas.
……………………………………………………………………………………………………

(Marc)   Comme il pleut, **je** me réfugie sous l'auvent.
……………………………………………………………………………………………………

3 Complétez ces phrases par **se (s')** ou **ce (c')**.

Une épaisse fumée …… dégage de …… hangar abandonné.

Les habitants …… plaignent car …… panneau publicitaire défigure le site.

Après l'accident, le conducteur …… demande …… qui ……'est passé.

La route ……'élève lentement, …… qui nous permet d'admirer le paysage.

La réalisation de …… dessin nous a demandé beaucoup de patience.

On dit que …… sont les cordonniers qui sont les plus mal chaussés.

…… moineau …… blottit au creux d'une branche.

Est-…… que vous avez déjà goûté à …… délicieux plat provençal ?

4 Complétez les phrases suivantes par **s'est** ou **c'est**.

Le 4 juillet, ………… la fête de l'indépendance des États-Unis d'Amérique.

En catastrophe, l'avion ………… posé dans le désert du Sahara.

………… en bricolant que M. Martin ………… coupé le doigt.

La lave jaillit du cratère ; que ………… beau mais que ………… dangereux !

Épuisé, le champion ………… effondré après avoir franchi la ligne d'arrivée.

………… souvent le lundi que mes parents vont au cinéma, sans moi !

Dans sa jeunesse, Pascal ………… rongé les ongles.

Tu n'as toujours pas fini cet exercice, ………… un comble !

---

mémo futé

Attention, si **se (s')** se trouve **toujours placé devant un verbe**, **ce** n'est pas toujours placé devant un nom. Il peut être placé :

– devant un adjectif ;
Il est facile de traverser **ce** petit ruisseau.

– devant un pronom relatif ;
Ce dont j'ai besoin, c'est de dormir !
J'ai dormi, **ce** qui ne m'était pas arrivé depuis longtemps.

– et parfois devant un verbe.
Thierry doit réparer le moteur, pour **ce** faire il va d'abord le démonter.
Cette partie, **ce** devait être la dernière.
Le retour au port, **ce** ne fut pas une partie de plaisir.

C' est toujours placé devant le verbe **être**.
C'est un joueur exceptionnel !   **C'**est lui qui marque tous les buts !

Orthographe 13 : quand, quant, qu'en – plus tôt, plutôt

- Il ne faut pas confondre :
  - **quand** qui exprime le temps et que l'on peut généralement remplacer par **lorsque** ;
    Quand il fait froid, il faut s'habiller chaudement.
    Lorsqu'il fait froid, il faut s'habiller chaudement.
  - **quant**, toujours suivi d'une préposition (**à, au, aux**), et qui peut être remplacé par **en ce qui concerne** ;
    Quant à vous, vous riez.   **En ce qui** vous **concerne**, vous riez.
  - **qu'en** qui est la contraction de « **que en** ».
    Qu'en dis-tu, de cette idée ?   De cette idée, tu **en** dis quelque chose.

- Il ne faut pas confondre :
  - **plus tôt**, en deux mots, qui est le contraire de **plus tard** ;
    Le film a débuté **plus tôt** que prévu.   Le film a débuté **plus tard** que prévu.
  - **plutôt**, en seul mot, qui signifie **de préférence**.
    J'irai au Pérou **plutôt** qu'au Brésil.   J'irai au Pérou **de préférence** au Brésil.

1 Complétez ces phrases par plus tôt ou plutôt.

Clarisse nous a surpris, elle est arrivée .... que prévu.

Je préfère l'été .... que l'hiver, car on se lève .... et on profite du soleil.

Si tu avais été prêt .... , tu n'aurais pas vu le train partir sous tes yeux.

Les gens s'endorment car la conférence est .... ennuyeuse.

.... on se couche, ... on se lève.

La famille Drevet regarde .... les films comiques que les films policiers.

2 Complétez les phrases par quand, quant ou qu'en.

Tous mes amis aiment le rap, ... à moi je préfère la musique techno.

Madame Larue, pour éviter les encombrements, ne se déplace .... vélo.

M. Chevrier ne pourra retravailler .... écoutant les conseils du médecin.

Depuis .... France on trie les déchets, il y a moins de pollution.

La mer est houleuse, les nageurs sont rares ; .... aux surfeurs, ils se réjouissent.

.... , à la tombée de la nuit, les ombres deviennent inquiétantes, tu as peur.

Il n'y a .... s'exerçant que l'on progresse en orthographe.

3 Observez le modèle et supprimez les répétitions.

Ce numéro de clowns m'a plu, mais que dit Odile de ce numéro de clowns ?
Ce numéro de clowns m'a plu, mais qu'en dit Odile ?

Il a acheté un appareil compliqué ; que fera-t-il de cet appareil compliqué ?
....

Je veux devenir magicien, mais je ne sais pas ce que pense Lise de ce projet.
....

Ces jeunes élèves ont des calculettes, mais que feront-ils de ces calculettes ?
....

Cette empreinte est celle d'une botte, mais que déduit l'inspecteur de cette empreinte ?
....

4 Complétez selon le modèle et accordez.

Je copie mon résumé, quant à la poésie je la verrai plus tard.

Tu .... l'exposé, ... aux questions ....
Nous .... les consignes, ... aux calculs ....
Les élèves .... la dictée, ... à la correction ....
Vous .... l'exercice, ... à la leçon ....
Joris .... le rapport, ... aux conclusions ....

M. Lorrain ne part en voyage qu'en emportant le strict nécessaire.

Tu .... ton ours en peluche.
Nous .... votre numéro de téléphone.
Les touristes .... un guide et des cartes.
Je .... une gourde et des biscuits.
Vous .... des vêtements de rechange.

---

mémo futé

Lorsqu'on doit choisir entre **quand** et **quant**, il faut faire très attention car la liaison peut nous induire en erreur.
En effet, avec **quand** suivi d'une voyelle, la liaison est en **t**.

Quand il marche...   Quand on court...
Quand elle se promène...   Quand arrivent les premiers froids...

Grammaire — 14 Le pluriel des noms

- Pour former le pluriel des noms, on ajoute souvent un **s** ou un **x** au nom singulier.
  des verres – des idées – des cheveux – des bateaux

- La plupart des noms terminés par **-al** au singulier font leur pluriel en **-aux**.
  le journal → les journaux   le signal → les signaux
  Exceptions : **des bals – des chacals – des festivals – des récitals – des régals**

- Quelques noms terminés par **-ail** au singulier font leur pluriel en **-aux**. Les autres prennent normalement un **s** au pluriel.
  le corail → les coraux   le travail → les travaux   un vitrail → des vitraux

- Les noms terminés par **-ou** au singulier font leur pluriel en **-ous**.
  les fous – les trous – des clous – des bambous
  Exceptions : **les bijoux – les cailloux – les choux – les genoux – les hiboux – les joujoux – les poux**

- Dans les noms composés, seuls le nom et l'adjectif peuvent se mettre au pluriel, si le sens le permet. Les autres mots sont invariables.
  des chiens-loups – des coffres-forts – des rouges-gorges
  des ouï-dire – des pince-sans-rire – des face-à-face

1 Complétez chaque phrase avec le nom entre parenthèses qui convient.

(pays – villes)   Ce .... attire de nombreux touristes.

Ces .... se dépeuplent au fil des ans.

(croquis – dessins)   Les .... sont réalisés au fusain.

L'architecte trace rapidement un petit ....

(fils – cousins)   Lucie se promène avec ses ....

M. Lucas est allé à la pêche avec son ....

2 Écrivez les noms de la 1re colonne au pluriel et ceux de la 2de au singulier.

un verrou → des	des bocaux → un ....
un soupirail → des	des neveux → un ....
un rival → des	des curieux → un ....
un hameau → des	des poux → un ....
un noyau → des	des rideaux → un ....
un aveu → des	des hôpitaux → un ....
un chou → des	des châteaux → un ....
un tribunal → des	des métaux → un ....

3 Écrivez les noms au pluriel, puis encadrez l'intrus dans chaque colonne.

un joujou ➡ des .... | le pieu ➡ des ....
un bijou ➡ des .... | un dieu ➡ des ....
un genou ➡ des .... | un adieu ➡ des ....
un sou ➡ des .... | un pneu ➡ des ....
un pou ➡ des .... | un lieu ➡ des ....
un hibou ➡ des .... | un milieu ➡ des ....

4 Écrivez les noms en **couleur** au pluriel et faites les accords qui conviennent.

La **grue** est arrivée ; le **travail** de construction peut enfin débuter.

....

Le **paquebot**, dont le **moteur** est en panne, lance un **signal** de détresse.

....

La **gymnaste** lance le **cerceau**, fait un **saut** périlleux et le rattrape.

....

5 Écrivez les noms composés de la 1re colonne au pluriel et ceux de la 2de au singulier.

un chef-lieu ➡ des .... | des sous-marins ➡ un ....
un balai-brosse ➡ des .... | des compte-gouttes ➡ un ....
un va-et-vient ➡ des .... | des mille-pattes ➡ un ....
un hors-jeu ➡ des .... | des wagons-lits ➡ un ....
un taille-crayon ➡ des .... | des porte-clés ➡ un ....

6 Avec ces mots, formez huit noms composés que vous écrirez au singulier, puis au pluriel.

porte – serre – flamme – document – chauffe – lance – plat – avion – pierre – bonheur – biberon – livre

un ...., des .... | un ...., des ....
un ...., des .... | un ...., des ....
un ...., des .... | un ...., des ....
un ...., des .... | un ...., des ....

Le sens de certains noms composés peut imposer de mettre le second mot au singulier ou au pluriel.

un compte-tour**s** ➡ un dispositif pour compter **les tours**
des porte-bonheur ➡ des objets qui apportent **le bonheur**

Grammaire

15 L'accord des adjectifs qualificatifs

- L'adjectif qualificatif s'accorde en **genre** et en **nombre** avec le nom auquel il se rapporte.
  cette potion amère – ce breuvage amer
  ces boissons amères – ces sirops amers

- Si un adjectif se rapporte à des noms de genres différents, il s'accorde au masculin pluriel.
  un garçon blond   une fille blonde   un garçon et une fille blonds

- Les adjectifs qualificatifs de **couleur** s'accordent quand il n'y a qu'un seul adjectif pour une couleur ; sinon ils restent invariables.
  des vêtements bleus   des vêtements bleu marine
  Les noms exprimant la couleur par comparaison restent invariables.
  des vêtements marron   des chemises orange
  Exceptions : **rose**, **fauve**, **mauve**, assimilés à des adjectifs, s'accordent.

- Les adjectifs numéraux cardinaux sont **invariables**, sauf **vingt** et **cent** quand ils indiquent un nombre exact de vingtaines ou de centaines.
  trente euros   quatre-vingts euros   quatre-vingt-dix euros
  cent dollars   deux cents dollars   deux cent dix dollars

1 Accordez les adjectifs entre parenthèses. Vous pouvez utiliser un dictionnaire.

(inquiet)   des regards ....   une mère ....
(public)   des services ....   une place ....
(ancien)   des meubles ....   des armoires ....
(final)   des points ....   une note ....
(cruel)   une bête ....   des animaux ....
(beau)   de .... paysages   de .... photographies
(paysan)   une soupe ....   des coutumes ....
(muet)   des témoins ....   une lettre ....

2 Completez avec les adjectifs entre parenthèses et accordez si nécessaire.

(orange)   Les supporters des Pays-Bas agitent des drapeaux ....
(noir)   Les pirates ont hissé des pavillons ....
(bleu clair)   Ce jeune garçon a les yeux ....
(jaune – rouge) Léa a composé un collier de perles .... et ....
(marron)   M. Valla porte des chaussures ....
(jaune citron) Les patineurs ont de superbes combinaisons ....

3 Écrivez en lettres les nombres en chiffres.

Un éléphant peut vivre 100 ans alors que le lion vit environ 40 ans.

....

Le client paie sa facture en signant un chèque de 800 euros.

....

Le mont Blanc culmine à 4 810 mètres d'altitude.

....

4 Complétez avec les adjectifs entre parenthèses que vous accorderez.

(thermal) L'Auvergne est riche de nombreuses stations ....

(long) Pas besoin de .... discours pour nous expliquer la situation.

(spécial) Munis de scaphandres .... , les cosmonautes s'envolent.

(vivant) M. Zarka parle une dizaine de langues ....

(violent) En courant, M. Guyot ressent une .... douleur dans le dos.

5 Remplacez le nom en couleur par le nom entre parenthèses et accordez.

(maisons) Beaucoup de curieux visitent ce nouveau **pavillon**.

....

(cheveux) Une gracieuse **mèche** rousse barrait son front.

....

(poésies) Le **génie** de Victor Hugo est immortel.

....

6 Remplacez chaque groupe en couleur par un adjectif qualificatif que vous accorderez.

des os *dont la fragilité est reconnue*	des os fragiles
des salles *que l'on plonge dans l'obscurité*	....
des fillettes *dont la joie fait plaisir à voir*	....
des bateaux *en grand nombre*	....
des panneaux *qui décorent les murs*	....

> **mémo futé**
>
> **Mille** est un adjectif numéral qui reste invariable mais **millier**, **million**, **milliard** sont des noms et ils s'accordent.
>
> mille habitants — des milliers d'habitants
> deux millions d'habitants — cinq milliards d'habitants

Grammaire 16 — L'attribut du sujet

L'attribut du sujet apporte une précision sur une personne ou sur une chose par l'intermédiaire d'un **verbe d'état** : *être, paraître, sembler, avoir l'air, devenir, rester, demeurer, passer pour…*
L'attribut du sujet s'accorde en genre et en nombre avec le sujet auquel il se rapporte. On ne peut ni le déplacer ni le supprimer.
Cette comédienne est talentueuse.
Ce comédien débutant passe pour un futur jeune premier.

L'attribut du sujet peut être :
– un adjectif qualificatif : **Ce joueur de dames semble imbattable.**
– un nom : **Ce joueur est champion.**
– un groupe nominal : **Ce joueur est devenu le nouveau champion du monde.**
– un pronom : **Les pions noirs sont les siens.**
– un verbe à l'infinitif : **Souffler n'est pas jouer.**

1 Dans ces phrases, entourez les attributs du sujet.

Pensez-vous vraiment que le miroir de la méchante reine était magique ?

Ce virage est dangereux : abordez-le avec prudence.

Cette année, la récolte de pommes de terre paraît abondante.

Comme la surface du sol est inégale, jouer au football est difficile.

Le dénouement de cette histoire est curieux ; personne n'y comprend rien.

L'entraîneur est confiant car ses joueurs ont respecté ses consignes.

Retrouvé dans un grenier, ce tableau de Fernand Léger est bien conservé.

Monsieur Henry est resté maire de son village pendant dix-huit ans.

2 Complétez les phrases avec les attributs du sujet suivants.

porter leurs fruits – mort dans l'indifférence générale – insoluble – révélatrices d'un grand dynamisme – garantis plusieurs années – excellent pour la santé

Pourquoi Mozart est-il .... ?

Les matériels informatiques sont souvent ....

Pratiquer quotidiennement une activité sportive est ....

Les importations en provenance d'Asie sont ....

Les progrès dans la lutte contre le cancer semblent ....

Ce problème de mathématiques est pratiquement ....

3 Complétez les phrases avec des adjectifs qualificatifs attributs du sujet.

Les musiciens entrent en scène ; les spectateurs sont ....
Cet immeuble est considéré comme ....
Après une longue course, les chevaux semblent ....
Les accidents d'avion sont peu ...., mais ils sont ....
Faire une petite pause, ce serait vraiment .... !
Quelle que soit la situation, un véritable joueur d'échecs reste ....
Ne consommez pas ces champignons : ils sont ....

4 Complétez les phrases avec des noms, ou des groupes nominaux, attributs du sujet.

Obélix, l'ami d'Astérix est ....
Les élections ont eu lieu : Enzo a été élu .... par ses camarades.
À la fin de ses études, le frère de Noémie sera ....
Léonard de Vinci restera ....
Au Moyen Âge, la ville d'Istanbul se nommait ....
Apprendre régulièrement ses leçons est ....
À la suite de sa victoire, ce coureur semble ....

5 Entourez les attributs du sujet et soulignez les COD.

Les panneaux solaires fournissent une électricité respectueuse de l'environnement.
Les guerres de Religion demeurent une période sombre de l'histoire de France.
Après l'accident, les experts examinent les dégâts matériels.
En apercevant la terre, les compagnons de Christophe Colomb parurent surpris.
Devant les facéties des clowns, les jeunes enfants écarquillent les yeux.
Pour acquérir une petite maison, Mme Dupuis emprunte cent mille euros.
Devant l'entrée du musée, la file d'attente est longue, mais les visiteurs sont patients.

---

mémo futé

Pour ne pas confondre l'attribut du sujet avec le complément d'objet direct, il faut se souvenir que le sujet et l'attribut représentent la même personne ou la même chose. En cas de doute, on essaie de remplacer le verbe par **être**. Si c'est possible, il s'agit de l'attribut du sujet car le verbe **être** n'a jamais de COD. Dans le cas contraire, c'est un COD.

Même en captivité, les lions restent *(sont)* **des fauves**. → **attribut du sujet**
En captivité, le gardien nourrit **les fauves**. → **COD**

Grammaire 17 — Le complément du nom

Le complément du nom est un mot (ou un groupe de mots) qui apporte une précision sur un nom (ou un pronom). Il est généralement introduit par une **préposition** et placé après le nom avec lequel **il ne s'accorde pas**.
le collège du secteur   **la ville d'Orléans**   **une machine à coudre**

Le complément du nom peut être :
– un nom : **un collier de perles** ;
– un groupe nominal : **un collier de perles fines** ;
– un pronom : **les réactions de certains** ;
– un verbe à l'infinitif : **une chambre à coucher** ;
– un adverbe : **un ami de toujours** ;
– une subordonnée relative : **le livre que je viens de lire**.

Le complément du nom peut être supprimé : la phrase demeure grammaticalement correcte.

Le sens du complément du nom peut varier selon la préposition utilisée.
une tasse à café → une tasse pour y verser du café
une tasse de café → une tasse remplie de café

1 Dans ces phrases, encadrez les compléments du nom.

Les élèves de l'école Jean Macé partent en classe de neige.
D'importantes forces de sécurité surveillent l'entrée de l'ambassade.
Les pieds des chaises ont rayé les lames du parquet.
Le clocher de cette église est visible à des kilomètres à la ronde.
Les résistants à l'occupant sabotaient les convois d'armement.
La famille de Katia passe ses vacances dans un chalet de montagne.
Le directeur de l'usine recherche un chef d'équipe qualifié.

2 Complétez les phrases avec des prépositions qui conviennent.

Pour protéger sa récolte, le viticulteur prend une assurance …………… la grêle.
Après bien des démarches, Antonio a trouvé un emploi …………… la restauration.
Les verres …………… cristal sont fragiles : ne les placez pas au lave-vaisselle.
Mme Salvi a transformé une lampe …………… pétrole en lampe …………… chevet.
Il n'y a qu'une chance …………… mille pour que cette équipe gagne la coupe.
Le cuisinier possède un appareil …………… éplucher les pommes de terre.
Mon voisin achète un téléviseur …………… un écran plat.
Ma grand-mère suit un régime …………… sel pour lutter contre ses chutes …………… tension.

Pour vous entraîner, les fichiers audio des dictées accompagnées du symbole sont téléchargeables gratuitement sur www.bled.hachette-education.com.

Orthographe → *dictées à faire sur un cahier à part*

1 Le déménagement

Aujourd'hui, nous déménageons de Paris à Albi car notre père a trouvé un nouveau travail. Nous rangeons les objets les plus fragiles dans des cartons afin d'éviter le moindre dommage. En fin de matinée, nous chargeons les caisses, les meubles, les appareils ménagers dans le camion loué pour l'occasion. Nous nous encourageons car la fatigue commence à se faire sentir. Mais nous pensons à notre future destination et cela nous permet de continuer. Dans quelques heures nous serons Albigeois et nous sommes heureux. Cependant, nous envisageons de revenir parfois dans la capitale pour revoir nos fidèles amis.

2 Le père Duclos

Tous les matins, le père Duclos part sur un petit canot pour rejoindre son bateau. Il élève des moules et il va régulièrement contrôler ses bouchots. Ce sont des pieux plantés dans le sol sableux sur lesquels sont ensachées les jeunes moules. Au bout d'un an, à marée haute, le père Duclos récolte les coquillages à partir de son embarcation. Mais il pratique aussi l'élevage des moules à l'aide des filières. Ce sont des cordes qui baignent en permanence dans l'eau et les moules se nourrissent plus longtemps ; elles croissent plus vite que sur les bouchots.

3 Deux égarés

Devant eux, le paysage avait changé. Plus de rochers, mais une pente livide, unie, menait à une crête dont le vent balayait l'échine. Ils mangèrent en hâte, assis sur leurs sacs, dans un creux de neige abrité de la bourrasque. Quand ils se remirent en marche, une couche de brouillard jaunâtre séparait le sommet du reste de la terre.

« Pourvu que tout aille vite à la descente ! Nous reviendrons par le même passage. J'ai bien placé mes pitons. Cela facilitera les rappels. »

Ils atteignirent le sommet, au moment où le soleil sortait des nuées. Il y eut un bref incendie de cristaux sur la neige. Puis, la lumière se dilua dans un jus grisâtre.

Henri Troyat, *La Neige en deuil*, Mon village, 1971

4 L'interrogation

L'inspecteur a montré Clotaire. « Vous, là-bas, dans le fond, récitez-moi *Le Corbeau et le Renard*. » Clotaire a ouvert la bouche et il s'est mis à pleurer. « Mais, qu'est-ce qu'il a ? » a demandé l'inspecteur. La maîtresse a dit qu'il fallait excuser Clotaire, qu'il était timide, alors, c'est Rufus qui a été interrogé. Rufus, c'est un copain, et son papa, il est agent de police. Rufus a dit qu'il ne connaissait pas la fable par cœur, mais qu'il savait à peu près de quoi il s'agissait et il a commencé à expliquer que c'était l'histoire d'un corbeau qui tenait dans son bec un roquefort.

Jean-Jacques Sempé / René Goscinny, *Les Récrés du Petit Nicolas*, Denoël.

5 L'embarras

Quand on lui offre des fleurs, Bénédicte n'a jamais le vase qui convient. Celui-ci est trop bas, celui-là est trop haut, le vase que lui a offert sa grand-mère est trop rond ; quant à celui qu'elle a rapporté de son voyage en Italie, il est blanc alors que les fleurs sont elles aussi blanches ! Lorsqu'elle a enfin trouvé un vase à sa convenance, Bénédicte le rince, le remplit d'eau et installe ses fleurs. Elle regarde alors le bouquet et trouve le vase bien laid et jure d'aller en acheter un autre dès le lendemain matin.

6 La coupe d'Europe

Ce soir, les Niçois jouent la finale de la coupe d'Europe contre l'équipe de Turin. À vingt heures, les joueurs empruntent le couloir des vestiaires et pénètrent sur le terrain. Les supporters donnent de la voix. Dès le coup d'envoi, on sent que seule la victoire comptera pour entrer dans l'histoire du football. Les Niçois sont maladroits et les Turinois ouvrent le score. Puis, les Français encaissent deux buts supplémentaires au grand désespoir de ceux qui les soutiennent. La joie envahit le camp italien. 3-0, ce sera le résultat final.

7 Retour de pêche

Le chalutier est parti depuis quinze jours sur les flots tumultueux de la mer d'Irlande. Les épouses des marins attendent sur le quai et les enfants font le guet au bout de la jetée. L'armateur espère que cette marée sera un succès et que les filets regorgeront de merlus, de soles, de raies, de rougets…

Enfin le *Rupella* apparaît, le visage de chacun s'illumine en prévision des retrouvailles. De sa passerelle, le patron dirige l'équipage qui effectue les dernières manœuvres. Pendant une semaine, ces travailleurs de la mer vont goûter aux bienfaits de la vie à terre.

8 Des vacances reposantes

Au retour de la randonnée, nous nous reposions sur la terrasse du chalet en buvant quelques gorgées de jus de fruits. Le lac s'étendait à nos pieds. L'eau était d'une grande pureté. Des voiliers fendaient lentement les flots et laissaient une traînée blanche derrière eux. Lorsqu'un bateau faisait une embardée, on entendait les exclamations des jeunes marins. Au loin, les cimes couvertes de neige brillaient sous un soleil estival.

Tout le paysage, d'une surprenante beauté, respirait la sérénité. Nous avions du mal à imaginer qu'il faudrait repartir vers la ville et abandonner cette douce tranquillité.

9 L'apprentissage de la vie

En Afrique, la morale s'apprend souvent à travers les contes et les légendes. C'est pourquoi les parents, suivant une tradition orale bien établie, racontent à leurs enfants ces histoires où le merveilleux trouve sa place, où la ruse vient à bout de la force brutale, où le bon gagne son combat contre le mauvais, où l'ingrat et le méchant subissent un châtiment mérité, où les bandits mordent la poussière. On y voit encore le vice dénoncé, la vertu exaltée, proposée en exemple puis récompensée malgré un début difficile.

La voie est ainsi toute tracée pour une vie exemplaire.

Souleymane Djigo Diop, *L'enfant-roi, Contes et Légendes d'Afrique,* Les classiques africains.

10 Alerte à la pollution

Les vacanciers du mois de juillet ont eu la mauvaise surprise de ressortir de l'eau avec de petites plaques de goudron sur les jambes. Aussitôt, l'alerte a été donnée. On a prévenu les marins-pompiers qui ont utilisé les grands moyens ; des barrages flottants ont été installés pour dévier la nappe polluante et des détergents ont été déversés pour détruire ce flot indésirable. Quelques plages de la côte varoise ont été particulièrement touchées. On ne peut que regretter le geste inconsidéré d'un capitaine peu scrupuleux qui a dégazé.

11 Ma grand-mère

Dès qu'elle se lève, ma grand-mère ne perd pas une minute. Il faut qu'elle prépare le petit-déjeuner et qu'elle s'occupe de l'entretien de la maison. Quelle ardeur ! Mes sœurs savent tout ce qu'elles lui doivent car elles peuvent faire tranquillement leurs devoirs. Cependant, jamais ma grand-mère ne se plaint, elle accomplit toutes ces tâches avec beaucoup de volonté et d'affection. Je crois qu'elle trouve cela naturel. Quels nombreux souvenirs je garderai d'elle ; c'est une femme remarquable qui ne souhaite que le bonheur de ses proches. Qu'elle soit remerciée pour tout ce qu'elle fait.

12 Au large de l'Islande

Le navire se balançait lentement sur place, en rendant toujours la même plainte, monotone comme une chanson de Bretagne répétée en rêve par un homme endormi. Yann et Sylvestre avaient préparé très vite leurs hameçons et leurs lignes, tandis que Guillaume ouvrait un baril de sel et, aiguisant son grand couteau, s'asseyait derrière eux pour attendre.
Ce ne fut pas long. À peine avaient-ils jeté leurs lignes dans ce flot tranquille et froid, ils les relevèrent avec des poissons lourds, d'un gris luisant d'acier.
Et toujours, et toujours, les morues vives se faisaient prendre ; c'était rapide et incessant, cette pêche silencieuse.

Pierre Loti, *Pêcheurs d'Islande*, Hachette Jeunesse.

13 La canne à sucre

Quand le sucre était inconnu en France, on utilisait le miel pour que les mets soient moins amers. Puis, lors des Croisades, on s'aperçut qu'en Sicile ou en Crète, les habitants se servaient du jus d'une plante pour adoucir leur nourriture et leur boisson ; ils l'appelaient la canne à sucre. Quant aux Européens, ils lui donnèrent le nom de « miel païen ». Après la découverte de l'Amérique, la culture de la canne à sucre gagne le nouveau monde qui se couvre de plantations. Jusqu'à la betterave, ce fut longtemps le seul végétal à fournir le sucre !

Grammaire → *dictées à faire sur un cahier à part*

14 Un jouet original
Ma mère tricote dans un coin ; une cousine qui sert de bonne, range sur des planches rongées quelques assiettes de grosse faïence avec des coqs à crête rouge et queue bleue. Mon père a un couteau à la main et taille des morceaux de sapin ; les copeaux tombent jaunes et soyeux comme des brins de ruban. Il me fait un chariot avec des languettes de bois frais. Les roues sont déjà taillées ; ce sont des ronds de pommes de terre avec leur cercle de peau brune qui imite le fer. Le chariot va être fini ; j'attends tout ému et les yeux grands ouverts, quand mon père pousse un cri et lève sa main pleine de sang. Il s'est enfoncé le couteau dans le doigt.
Jules Vallès, L'Enfant, 1879.

15 Un serviteur précieux
Passepartout était un brave garçon, de physionomie aimable, aux lèvres un peu saillantes, toujours prêtes à goûter ou à caresser, un être doux et serviable, avec une de ces bonnes têtes rondes que l'on aime à voir sur les épaules d'un ami. Il avait les yeux bleus, le teint animé, la figure assez grasse pour qu'il pût lui-même voir les pommettes de ses joues, la poitrine large, la taille forte, une musculature vigoureuse et il possédait une force herculéenne que les exercices de sa jeunesse avaient admirablement développée. Ses cheveux bruns étaient un peu rageurs.
Jules Verne, Le Tour du monde en quatre-vingts jours.

16 Toutes voiles dehors !
Pour revenir à notre voyage en mer, notre bon vent nous ayant fait défaut, nous eûmes alors fort mauvais temps, avec pluies suivies d'accalmies. De plus, à cause des vents inconstants, la navigation est difficile près de l'équateur. Certes cela ne durait pas longtemps, car soudain s'élevaient des tourbillons que les marins normands appellent grains, et qui après nous avoir parfois arrêtés tout net, au même instant soufflaient au contraire si fort dans les voiles de nos bateaux que c'est miracle que cent fois ils ne nous aient renversé la quille en haut, c'est-à-dire sens dessus dessous.
Voilà pourquoi, dans ces longs voyages, le plus grand bonheur que souhaitent les marins est que la mer soit changée en eau douce.
D'après Jean de Léry, Histoire d'un voyage fait en la terre du Brésil, 1578.

17 Les castors
Les castors sont des rongeurs de taille importante que l'on pourrait croire inoffensifs, mais ne vous fiez pas aux apparences. La base de leur nourriture est en effet constituée de bois. Ils abattent, grâce à leurs incisives, des arbres de grande taille. Ils sont si habiles que les troncs ne portent pas la trace de leurs dents, qui continuent leur travail même quand la gueule de ces boules de fourrure est fermée. Avec leurs pattes postérieures palmées et leur queue en forme de raquette qui leur sert de gouvernail, ce sont de remarquables nageurs d'eau douce.

Corrigés

1 Les sons [ʒ] et [g] : *gi, ge, gy, geo, gea, j – ga, go, gu, gue, gui, guy*

1 Olga enfile son **j**ean et cherche ses baskets.
C'est dans le Sud-Ouest que le ru**gby** se joue avec le plus de passion.
Le **j**a**gu**ar ressemble au léopard.
Le **j**azz est né dans les rues de la Nouvelle-Orléans.
La vue de Carmen baisse : elle ne peut plus enfiler son ai**gui**lle.
On nous cache quelque chose ; il y a an**gui**lle sous roche.
Mme Wan met un peu de **gi**n**ge**mbre dans sa fricassée de poulet.

2 en né**g**li**ge**ant les zéros ;
des enfants né**g**li**g**ents
en en**ga**geant les hostilités ;
des propositions en**ga**geantes
en plon**ge**ant de haut ;
des vues plon**ge**antes
en chan**ge**ant les pneus ;
des impressions chan**ge**antes
en exi**ge**ant réparation ;
des travaux exi**g**eants
en encoura**ge**ant son équipe ;
des paroles encoura**ge**antes
en conver**ge**ant vers la sortie ;
des positions conver**g**entes

3 Au printemps on voit poindre les premiers bour**ge**ons.
La **g**entiane est une fleur des montagnes ; c'est une espèce protégée.
Les pi**g**eons peuvent causer des dégâts aux monuments.
La **g**irafe est certainement l'animal qui a le plus long cou.
La rou**ge**ole est une maladie mortelle dans beaucoup de pays en voie de développement.
Frédéric est si timide qu'il rou**g**it pour un rien.

4 l'estur**g**eon – les bour**g**eois – la bou**g**eotte – une jupe – la ven**g**eance – les na**g**eoires – le plon**g**eon

5 À Venise, nous nous sommes promenés en **go**ndole.
L'art **go**thique a succédé à l'art roman.
Un octo**g**one est un poly**g**one à huit côtés.

Maryse a appris le lan**ga**ge des sourds : elle s'exprime par gestes.
Les douaniers fouillent la car**ga**ison d'un navire suspect.
Le dra**go**n cracha du feu à l'approche du chevalier.
La jument et son poulain **ga**mbadent dans le pré.
C'est en Chine et au Japon que l'on trouve les plus belle pa**go**des.
Autrefois, les paysans devaient payer un impôt sur le sel : la **ga**belle.

2 Les noms terminés par le son [o]

1 un piano – un haric**ot** – la radi**o** – un taur**eau**
un brav**o** – un studi**o** – un rés**eau** – un micr**o**
un écrit**eau** – le bourr**eau** – un zér**o** – le fus**eau**
un sangl**ot** – un cach**ot** – un ros**eau** – un cham**eau**
un cachal**ot** – un lumba**go** – un moin**eau** – un matel**ot**
un berling**ot** – un lavab**o** – un éch**o** – un encl**os**

2 un lionceau – un renardeau ;
un agneau – un chevreau ;
un chiot – un louveteau ;
un souriceau – un dindonneau ;
un perdreau – un jambonneau

3 Sur les lettres officielles (…) le sc**eau** royal.
Cosette (…) un s**eau** trop lourd pour elle.
Le *Radeau de la Méduse* est un célèbre tabl**eau** de Théodore Géricault.
Le petit levr**aut** fait des s**auts** au milieu des artich**auts**.
Le crap**aud** est laid (…)
le cabill**aud** est le nom donné à la morue fraîche.
Ces garnements ont cassé un p**ot** de géraniums en jouant au football.

4 les petits ruiss**eaux** (…) – Deux ois**eaux** (…) – Les joy**aux** (…) – (…) Germain boit au goul**ot** – (…) le flé**au** de Dieu – (…) une cuillerée de sir**op** pour la toux – Le poir**eau** (…) – (…) à l'ass**aut** du dôme des Écrins.

5 un hublot – un landau – un escroc – un escargot – un noyau – les sabots – le pinceau – le métro

Corrigés

6 propos*er* - un canot*ier* (canot*er*) - se repos*er* - sursaut*er* - robotis*é* (robot*ique*) - le flott*eur* (flott*er*) - galop*er* - pivot*er* - tricot*er* - un échafaud*age* (échafaud*er*) - la haut*eur* - *em*maillot*er*

3 Le son [j] : *ill, y, ll, -il, -ille*

1 l**es** (ou d**es**) conseils - l**e** (ou u**n**) gouvernail - **il** (**elle, je**) raille - **une** (ou **la**) merveille
l**e** (ou u**n**) réveil - **je** (**il, elle**) surveille - l**e** (ou u**n**) rail - **il** (**elle, je**) mouille
une (ou **la**) canaille - **il** (**elle, je**) bredouille - **la** (ou **une**) douille - **la** (ou **une**) nouille
l**e** (ou u**n**) détail - l**e** (ou u**n**) vitrail - **la** (ou **une**) groseille - **il** (**elle, je**) croustille
l**es** (ou **tu**) patrouilles - **la** (ou **une**) trouvaille - l**e** (ou u**n**) corail - **tu** mordilles
l' (ou **un**) émail - l**e** (ou u**n**) bétail - l**e** (ou u**n**) portail - **la** (ou **une**) (ou **il, elle, je**) rouille

2 Les écur**euil**s (…) - (…) un grand nombre de f**euill**es - Les chevr**euil**s (…) - (…) dans les faut**euil**s du salon - (…) dans son portef**euill**e - Le bouvr**euil** (…) - (…) le s**euil** (…)

3 L'ab**eill**e s'oriente avec le sol**eil** (…) - L'aimant attire la lim**aill**e de fer. - L'archéologue observe en dét**ail** (…) - Pouvez-vous lire les indications mentionnées sur cette bout**eill**e ? - Kader finira le trav**ail** (…) par la t**aill**e (…).

4 être fort j**oy**eux ; la j**oi**e de vivre
manger une n**oix** ; une branche de n**oy**er
remarquer une r**ay**ure ; tracer une r**ai**e
écrire avec un cr**ay**on ; écrire avec une cr**ai**e
un ess**ui**e-mains ; s'ess**uy**er les mains
baisser la v**oix** ; prononcer une v**oy**elle
marquer un ess**ai** ; ess**ay**er un vêtement
le r**oi** d'Espagne ; le r**oy**aume d'Espagne
faire du br**uit** ; être br**uy**ant

5 (…) certains commencent à bâ**ill**er. - Pour ne pas se no**y**er (…) - M. Braillon fait gr**ill**er (…) - Pour nett**oy**er son vêtement, M. Boyer doit empl**oy**er un détergent. - (…) le campeur s'efforce de rév**eill**er ses membres engourdis.

6 Chaque année, nous **accueillions** (…) - Vous **envoyiez** (…) - Le viticulteur **taillait** (…) - Les photographes **mitraillaient** (…)

4 La lettre *x*

1 Faire le tour du monde en ballon, c'est un véritable **exploit**.
Une année qui compte 366 jours est une année **bissextile**.
Le **sphinx** est un animal mythique à corps de lion et à tête humaine.
Le commandant Charcot a organisé plusieurs **expéditions** polaires.
Un gaz **toxique** s'échappe du moteur mal réglé.

2 L'**exode** rural a chassé de nombreux paysans des campagnes françaises.
Pour combattre ce début d'incendie, prends vite un **extincteur**.
Les marées d'**équinoxe** ont souvent une très forte amplitude.
En France, la plupart des écoles sont **mixtes**.
Le brevet est un **examen** que passent les collégiens en fin de troisième.

3 o**c**cidental - a**cc**éder - le su**cc**ès - fle**x**ible
l'o**x**ygène - l'a**c**cident - mala**x**er - la pro**x**imité
une co**cc**inelle - l'a**cc**essoire - l'a**cc**ent - ve**x**er
le co**cc**yx - a**cc**élérer - conve**x**e - un va**cc**in

4 un taudi**s** - la voi**x** - le reflu**x** - le remou**s**
un permi**s** - le choi**x** - l'influ**x** - le redou**x**
un pri**x** - un poi**s** - un intru**s** - un épou**x**
une perdri**x** - un chamoi**s** - un rébu**s** - le dessou**s**

5 ex**c**iter - extraire - ex**c**éder - ex**c**user
exercer - exécuter - exiger - exagérer
examiner - ex**c**essif - exotique - exaspérer
ex**c**entrique - exactement - ex**c**ellent - ex**c**epter

6 À cette heure, il n'y a plus de métro, alors je prendrai un **taxi**.
À l'automne, les propriétaires paient une **taxe** d'habitation.
L'**axe** de la roue de cette brouette est cassé ; il faudra le réparer.
L'**index** est situé entre le pouce et le majeur.
Il paraît qu'avec un **silex** on peut allumer un feu, mais ce n'est pas facile !
Victor Hugo a vécu plusieurs années en **exil** à Guernesey.
Dix est le premier nombre qui s'écrit avec deux chiffres.

7 découvrir *un lieu inconnu* - parcourir *un canal paisible* - lire *un journal original* - transporter *un métal dangereux* - admirer *un animal gracieux*

5 Les lettres muettes finales et intercalées

1 le champ - confus - le tracas - le canot - le flanc - le pivot - franc - long - le toit - la part - second - épais - l'accord - le climat - le rang - un bond

2 Le rôti est cuit. - Le candidat est admis. - Le boulevard est interdit. - Le public est séduit. - Le portail est ouvert. - Le refrain est repris. - Le genou est démis.

3 le tutoiement - une tuerie - le paiement - le dévouement - l'enrouement - l'éternuement - le remerciement - le déblaiement - le balbutiement - le maniement - le dénouement - le ralliement - le licenciement - le rapatriement - l'aboiement - le renflouement

4 (…) un baptême de l'air - Le comptoir de ce café (…) - Le dompteur dirige (…) - Je me demande ce que représente cette sculpture. - Il y a sept jours (…) - J'ai refait trois fois les comptes (…) - ce joueur de tennis est prompt (…) - (…) il est exempté de piscine.

5 le théorème de Pythagore a hanté les soirées (…) - À l'époque de la prohibition (…) - À Carnac, se dressent des centaines de menhirs. - L'allée (…) était bordée de dahlias. - L'anthracite est un charbon (…) - La performance de Samira nous a ébahis.

6 Les noms en -oi, -oie, -oix, -oit, -ois, -oid et en -oir, -oire

1 l'exploit - le convoi - l'emploi - le hautbois un endroit - le désarroi - le bourgeois - l'anchois l'oie - la croix - le choix - la lamproie le froid - l'effroi - un tournoi - l'émoi un maladroit - le patois - le roi - la paroi la proie - la loi - l'envoi - la noix

2 Chaque jour, le ténor travaille sa voix. Je vois le soleil se coucher à l'horizon.

Près de son embouchure, la Seine est une voie navigable.
M. Faucheux surveille son poids ; il suit un régime.
Au Moyen Âge, les défenseurs versaient de la poix bouillante sur les assaillants.
Mme Charleux ajoute quelques pois chiches dans son couscous.

3 (…) sur un grand pavois. - Dans l'Antiquité, le détroit de Gibraltar (…) - (…) est surnommée le toit du monde. - (…) dans un carquois. - Le beffroi domine (…) - (…) la courroie du ventilateur est cassée. - Le haut-parleur a remplacé le porte-voix.

4 le rasoir - la mâchoire - le miroir - le grattoir - la nageoire - le hachoir - le parloir - le séchoir - le dortoir - le tiroir - le lavoir - la rôtissoire - la victoire - le mouchoir

5 (…) vers le réfectoire - (…) dans leur laboratoire - Sans entonnoir, (…) - (…) perte de la mémoire - (…) le réservoir de la voiture - (…) à la patinoire de Morzine - Le territoire (…) - La fusée a dévié de sa trajectoire (…)

7 Les noms en -et, -ai, -aie, -ait, -ais, -ey, -ès, -aix

1 souhaiter - regretter - guetter - secrètement - refléter - la progression (progresser) - un bienfaiteur - respecter (respectueux)

2 le volley - l'attrait - la paix - le brevet la haie - le couplet - le hoquet - le paquet le chapelet - le hockey - le cornet - le délai le procès - une plaie - un maillet - le palais le balai - un abcès - le carnet - le jouet le relais - la baie - le gobelet - le succès

3 Le suspect a été appréhendé grâce à la diffusion de son portrait-robot.
Le spectateur remet son ticket au guichet du stade.
Le skieur achète un forfait (…).
(…) maman a préparé des beignets.
À la mairie, je réclame un extrait de naissance.
Francis doit changer la taie de l'oreiller.
Le 1er mai, on offre des brins de muguet pour porter bonheur à ses amis.

Corrigés

4 le **piquet** (pi - quai) - le **poney** (le Pô - nez) - le **poignet** (poids - niais)

5 (…) à fleur**ets** mouchetés - Pour faire des ricoch**ets** (…) - Ce film est sans intér**êt** (…) - (…) le mar**ais** d'Olivet - (…) en miner**ai** de fer - (…) en congr**ès** - (…) au banqu**et** des pompiers

6 la laie - le cochonnet - le cyprès - l'alphabet - un engrais - la craie - le brochet

8 Les noms masculins et féminins en -é, -ée, -er, -té, -tié

1 **un** (ou **le**) scarabée - **un** (ou **le**) lycée - **un** (ou **le**) trophée - **une** (ou **la**) chaussée - **un** (ou **le**) verger - **un** (ou **le**) pâté - **une** (ou **l'**) azalée - **une** (ou **l'**) orchidée - **un** (ou **le**) degré - **une** (ou **la**) priorité - **une** (ou **l'**) odyssée - **un** (ou **le**) guêpier - **la** (ou **une**) timidité - **un** (ou **le**) comité - **la** (ou **une**) pitié - **la** (ou **une**) chicorée - **la** (ou **une**) giroflée - **la** (ou **une**) saignée - **le** (ou **un**) nez - **le** (ou **un**) marché - **une** (ou **l'**) assemblée - **le** (ou **un**) comté - **une** (ou **l'**) intimité - **un** (ou **le**) handicapé

2 la *fidélité* d'un ami - la *clarté* d'une eau - l'*humidité* d'une terre - la *loyauté* d'un sportif - la *nervosité* d'un cheval - l'*amabilité* d'une hôtesse

3 Avez-vous déjà visité le mus**ée** du Louvre ?
La travers**ée** du Vercors reste une randonn**ée** inoubliable.
La devise de la République est : « Libert**é**, Égalit**é**, Fraternit**é** ».
Un chimpanz**é** s'est échappé et il sème la terreur dans les all**ées** du zoo.
Face à l'immensit**é** du désert, on reste sans voix.
La récolte de pêches est excellente, à la fois en qualit**é** et en quantit**é**.
Convoqué au commissariat, Richard s'y est rendu de son plein gr**é**.

4 le quincaillier - le bijoutier - le grutier - le plombier - le pompier - le cordonnier - le charpentier

5 une fée - la dictée - la jetée - la surdité - l'énoncé - la tranchée - l'année

9 Les homonymes

1 (…) **le** lit du fleuve. - **Je** (**tu**) lis le journal.
(…) **un** pain au chocolat. - **Il** (**elle**) peint un tableau.
Il (**elle**) perd sa trousse. - (…) **une** paire de gants.
(…) **le** fond du puits. - **Ils** (**elles**) font les pitres.
Il (**elle**) vint à mon secours. - (…) **le** vingt du mois de mai.
(…) **une** voie ferrée. - **Je** (**tu**) vois une belle locomotive.
Ils (**elles**) jouent aux dominos. - (…) **la** joue du bébé.

2 M. Justinien suit un régime sans **sel**. - Après son tour de manège, Marie enlève la **selle** de son cheval. - Cette maison bleue est **celle** que je préfère. - Le maçon **scelle** les gonds du portail.
Chez la cigogne, le renard pensait faire bonne **chère**. - Le curé prononçait le sermon du haut de sa **chaire**. - M. Alamercery n'achètera pas ce canapé, il est trop **cher**. - L'ogre des contes sent l'odeur de la **chair** fraîche.
Les deux joueurs de tennis pénètrent sur le **court**. - En France, la chasse à **courre** n'est plus guère pratiquée. - Le **cours** de technologie de vendredi est supprimé. - Les enfants organisent une partie de ballon-prisonnier dans la **cour**. - Attendez-moi, je vous rejoins dans un **court** instant.

3 (…) calculer l'**aire** du carré. - La **mante** religieuse (…) - (…) Mme Kassel l'a payée **comptant**. - Majestueux, le **cygne** se déplace (…) - L'auto-stoppeur lève le **pouce** (…) - (…) le **paon** est magnifique. - (…) il faudra lâcher du **lest**.

4 Il **mord** la vie à pleines dents. (*mordre*) - La guêpe **pique** le petit garçon. (*piquer*) - Papa **tond** la pelouse. (*tondre*) - Les élèves **entrent** au collège. (*entrer*) - Le boucher **vend** de la bonne viande. (*vendre*) - La couturière **coud** un ruban. (*coudre*) - Cette fleur **sent** vraiment bon. (*sentir*)

5 Une jeune brebis **bêle** au milieu d'une **belle** prairie fleurie. - Dans le matin **frais**, le sanglier se **fraie** un étroit passage. - Grand-père ne parle **guère** de l'époque où il faisait la **guerre**. - Quel est le **poids** de cette boîte de petits **pois** ? - Je

44

tire un seau d'eau **puis** je ferme l'ouverture du **puits**. - Elle ne veut pas que je **goûte** ce sirop, même pas une **goutte**.

On annonce l'arrivée d'un cyclone ; **on** évacue toutes les maisons. - **On n**'étale que très peu de beurre sur les tartines.- **On n**'oublie jamais ce que l'**on** a appris à l'école primaire.

10 on - ont

1 Les meilleurs athlètes **ont participé** aux Jeux olympiques. - Sur la place, on **a planté** un arbre de la Liberté.- Les vendanges **ont débuté** à la mi-septembre.- Les baigneurs frileux **ont déserté** les plages. - Au passage du cortège, on **a agité** des drapeaux.

2 Tu **verras** cette émission qui **a connu** un grand succès. - Nous **verrons** ces épisodes qui **ont connu** un grand succès. - Chloé **verra** ces documentaires qui **ont connu** un grand succès. - On **arrose** les dahlias qui **ont** très soif. - Tu **arroses** le palmier qui **a** très soif. - Les jardiniers **arrosent** les massifs qui **ont** très soif.

3 *Les pantalons* **ont** des rayures jaunes. - *Mélinda* **part** de très bonne heure au marché. - *Les fusées* **ont quitté** la Terre.

4 Dans l'Antiquité, **on** croyait que la Terre était plate, aussi les marins **ont**-ils longtemps évité de s'éloigner des côtes. **On** avait peur de tomber dans un gouffre. De nos jours, les gens sourient mais à cette époque **on** ne possédait pas tous les moyens actuels pour démontrer que la Terre est ronde.
On a longtemps cru que l'Amérique avait été découverte par Christophe Colomb. Mais, quelques siècles avant lui, les Vikings **ont** foulé le sol américain. Avec leurs drakkars, ils **ont** traversé l'océan et **ont** bravé les tempêtes. **On** est certain de ce fait car **on** a découvert, près du cap Cod, des pierres sur lesquelles **ont** été gravées des symboles vikings.

5 *Les musiciens* **ont enregistré** *leur* premier disque ; on l'écoute avec attention. - Le vent souffle ; *les campeurs* **ont enfoncé** les piquets de *leur* tente. - *Les virages* **sont** très dangereux ; bien entendu, on ralentit. - *Les cigognes* **ont quitté** *leur* nid, on ne *les* reverra qu'au printemps.

6 **On n**'avance pas plus vite sur cette autoroute que sur la route nationale. - Si **on n**'abat que cette cloison, **on n**'agrandira guère la pièce. -

11 quel(s), quelle(s) - qu'elle(s)

1 **Quelle** belle perruque ! - Dans **quelle** région irez-vous ?- **Quels** curieux monuments ! - **Quelles** seront les réponses exactes ?- **Quel** étrange regard ! - **Quel** dessert préférez-vous ?- **Quelles** émissions passionnantes ! - **Quelle** question saugrenue ! - **Quelles** célèbres chanteuses ! - Pour **quelle** robe te décides-tu ? - **Quelle** chaleur étouffante ! - **Quelles** chansons écoutes-tu ? - **Quel** dangereux carrefour ! - **Quelles** montagnes gravissez-vous ?

2 Je vous expédie des huîtres, je crois **qu'elles** vous feront plaisir.
Quel bruit dans la salle avant l'entrée des actrices ; je pense **qu'elles** recevront l'accueil triomphal **qu'elles** méritent.
Quelles sont vos lectures préférées ? **Quelle** place occupe cette activité dans vos loisirs ?
Avec **quel** courage et **quelle** ténacité ce chercheur poursuit-il ses travaux !
Mme Rebatel essaie la robe **qu'elle** vient de choisir.
Ce soir je reçois mes amies ; je sais **qu'elles** seront contentes. **Quelle** joie de se retrouver !
S'il y a des bouchons sur l'autoroute, à **quelle** heure comptez-vous rentrer ?
La récolte est tardive mais on suppose **qu'elle** sera abondante.
Dans **quel** pays se trouve cette vallée merveilleuse ?

3 Il est temps **qu'elle** se calme. - Il est normal **qu'elles** se fanent. - Il est indispensable **qu'elles** sachent compter. - Il est assez rare **qu'elle** soit perdue. - Il est préférable **qu'il** décolle à l'heure.

4 La neige tombe drue mais il est probable **qu'elle** ne tiendra pas. - Voici quelques photographies, je pense **qu'elles** vous plairont. - Ne te dirige pas vers cette sortie **puisqu'elle** est condamnée. - Je nettoie les vitres pour **qu'elles** laissent mieux passer la lumière.

5 Les rivières sont polluées : **quelles** solutions proposer ? - De **quels** instruments les musiciens vont-ils jouer ? - **Quelles** que soient tes opinions, nous les respecterons.

12 ce (c') - se (s')

1 **ce** panier - **ce** couloir - **ce** verger - **ce** désir
se sacrifier - **se** voir - **se** loger - **se** saisir
ce cahier - **ce** miroir - **ce** plancher - **ce** saphir
se plier - **se** prévaloir - **se** cacher - **se** réjouir
ce métier - **ce** mouchoir - **ce** boulanger - **ce** loisir
se méfier - **se** mouvoir - **se** changer - **se** blottir
ce sentier - **ce** rasoir - **ce** rocher - **ce** soupir
se marier - **se** revoir - **se** pencher - **se** raidir
ce vivier - **ce** réservoir - **ce** maraîcher - **ce** plaisir

2 **Ce** *pantalon* me plaît beaucoup et il me va bien. - *Les invités* **se** rassemblent autour d'une bonne raclette. - Demain matin, *Delphine* ne **se** lèvera pas trop tard. - J'ai choisi **ce** *dessert* pour terminer mon repas. - Comme il pleut, *Marc* **se** réfugie sous l'auvent.

3 Une épaisse fumée **se** dégage de **ce** hangar abandonné.- Les habitants **se** plaignent car **ce** panneau publicitaire défigure le site. - Après l'accident, le conducteur **se** demande **ce** qui **s**'est passé. - La route **s**'élève lentement, **ce** qui nous permet d'admirer le paysage.- La réalisation de **ce** dessin nous a demandé beaucoup de patience.- On dit que **ce** sont les cordonniers qui sont les plus mal chaussés.- **Ce** moineau **se** blottit au creux d'une branche. - Est-**ce** que vous avez déjà goûté à **ce** délicieux plat provençal ?

4 Le 4 juillet, **c'est** la fête (…) - En catastrophe, l'avion **s'est** posé (…) - **C'est** en bricolant que M. Martin **s'est** coupé le doigt.- (…) que **c'est** beau mais que **c'est** dangereux ! - Épuisé, le champion **s'est** effondré (…) - **C'est** souvent le lundi (…) - (…) Pascal **s'est** rongé les ongles. - (…) **c'est** un comble !

13 quand, quant, qu'en - plus tôt, plutôt

1 (…) elle est arrivée **plus tôt** que prévu. - Je préfère l'été **plutôt** que l'hiver car on se lève **plus tôt** et on profite du soleil.- Si tu avais été prêt **plus tôt** (…) - (…) la conférence est **plutôt** ennuyeuse. - **Plus tôt** on se couche, **plus tôt** on se lève. - La famille Drevet regarde **plutôt** les films comiques (…)

2 Tous mes amis aiment le rap, **quant** à moi je préfère la musique techno. - Madame Larue (…) ne se déplace **qu'en** vélo. - M. Chevrier ne pourra retravailler **qu'en** écoutant les conseils de son médecin.- Depuis **qu'en** France on trie les déchets, il y a moins de pollution.- (…) les nageurs sont rares ; **quant** aux surfeurs, ils se réjouissent. - **Quand**, à la tombée de la nuit, les ombres deviennent inquiétantes, tu as peur. - Il n'y a **qu'en** s'exerçant que l'on progresse en orthographe.

3 Il a acheté un appareil compliqué ; **qu'en** fera-t-il ? - Je veux devenir magicien, mais je ne sais pas ce **qu'en** pense Lise. - Ces jeunes élèves ont des calculettes, mais **qu'en** feront-ils ? - Cette empreinte est celle d'une botte, mais **qu'en** déduit l'inspecteur ?

4 Tu copies l'exposé, **quant** aux questions tu les verras plus tard.
Nous copions les consignes, **quant** aux calculs nous les verrons plus tard.
Les élèves copient la dictée, **quant** à la correction ils la verront plus tard.
Vous copiez l'exercice, **quant** à la leçon vous la verrez plus tard.
Joris copie le rapport, **quant** aux conclusions il les verra plus tard.
Tu ne pars en voyage **qu'en** emportant ton ours.
Nous ne partons en voyage **qu'en** emportant votre numéro de téléphone.
Les touristes ne partent en voyage **qu'en** emportant un guide et des cartes.
Je ne pars en voyage **qu'en** emportant une gourde et des biscuits.
Vous ne partez en voyage **qu'en** emportant des vêtements de rechange.

14 Le pluriel des noms

1 Ce **pays** attire de nombreux touristes. - Ces **villes** se dépeuplent au fil des ans.
Les **dessins** sont réalisés au fusain. - L'architecte trace rapidement un petit **croquis**.

Lucie se promène avec ses **cousins**. – M. Lucas est allé à la pêche avec son **fils**.

2 des verrous - des soupiraux - des rivaux - des hameaux - des noyaux - des aveux - des choux - des tribunaux

un bocal - un neveu - un curieux - un pou - un rideau - un hôpital - un château - un métal

3 des joujoux - des bijoux - des genoux - des sous - des poux - des hiboux
des pieux - des dieux - des adieux - des pneus - des lieux - des milieux

4 Les **grues** sont arrivées ; les **travaux** de construction peuvent enfin débuter.
Les **paquebots**, dont les **moteurs** sont en panne, lancent des **signaux** de détresse.
Les **gymnastes** lancent les **cerceaux**, font des **sauts** périlleux et les rattrapent.

5 des chefs-lieux - des balais-brosses - des va-et-vient - des hors-jeu - des taille-crayons
un sous-marin - un compte-gouttes - un mille-pattes - un wagon-lit - un porte-clés

6 un porte-avion, des porte-avions
un porte-document, des porte-documents
un porte-bonheur, des porte-bonheur
un serre-livre, des serre-livres
un chauffe-biberon, des chauffe-biberons
un chauffe-plat, des chauffe-plats
un lance-pierre, des lance-pierres
un lance-flamme, des lance-flammes

15 L'accord des adjectifs qualificatifs

1 des regards **inquiets** - une mère **inquiète**
des services **publics** - une place **publique**
des meubles **anciens** - des armoires **anciennes**
des points **finals** (ou plus rare *finaux*) - une note **finale**
une bête **cruelle** - des animaux **cruels**
de **beaux** paysages - de **belles** photographies
une soupe **paysanne** - des coutumes **paysannes**
des témoins **muets** - une lettre **muette**

2 (…) des drapeaux **orange**. - (…) des pavillons **noirs**. - (…) les yeux **bleu clair**. - (…) un collier de perles **jaunes** et **rouges**. - (…) des chaussures **marron**. - (…) de superbes combinaisons **jaune citron**.

3 Un éléphant peut vivre **cent** ans, alors que le lion vit environ **quarante** ans.
Le client paie sa facture en signant un chèque de **huit cents** euros.
Le mont Blanc culmine à **quatre mille huit cent dix** mètres d'altitude.

4 (…) de nombreuses stations **thermales**. - Pas besoin de **longs** discours (…) - Munis de scaphandres **spéciaux** (…) - (…) une dizaine de langues **vivantes**. - (…) M. Guyot ressent une **violente** douleur dans le dos.

5 Beaucoup de curieux visitent ces **nouvelles maisons**. - De **gracieux cheveux roux** barraient son front. - Les **poésies** de Victor Hugo sont **immortelles**.

6 des salles obscures - des fillettes joyeuses - de nombreux bateaux - des panneaux muraux

16 L'attribut du sujet

1 Pensez-vous vraiment que le miroir de la méchante reine était magique ?
Ce virage est dangereux : abordez-le avec prudence.
Cette année, la récolte de pommes de terre paraît abondante .
Comme la surface du sol est inégale , jouer au football est difficile .
Le dénouement de cette histoire est curieux ; personne n'y comprend rien.
L'entraîneur est confiant car ses joueurs ont respecté ses consignes.
Retrouvé dans un grenier, ce tableau de Fernand Léger est bien conservé .
M. Henry est resté maire de son village pendant dix-huit ans.

2 Pourquoi Mozart est-il **mort dans l'indifférence générale** ? - Les matériels informatiques sont souvent **garantis plusieurs années**. - Pratiquer quotidiennement une activité sportive est **excellent pour la santé**. -

Les importations en provenance d'Asie sont **révélatrices d'un grand dynamisme**. - Les progrès dans la lutte contre le cancer semblent **porter leurs fruits**. - Ce problème de mathématiques est pratiquement **insoluble**.

3 *Par exemple :* (…) les spectateurs sont **ravis**. - Cet immeuble est considéré comme **insalubre**. - (…) les chevaux semblent **épuisés** (ou **fourbus**). - Les accidents d'avion sont peu **fréquents**, mais ils sont **terribles** (ou **mortels**, **catastrophiques**). - (…) ce serait vraiment **agréable** ! - (…) un véritable joueur d'échecs reste **calme** (ou **impassible**). - (…) ils sont **vénéneux**.

4 *Par exemple :* Obélix, l'ami d'Astérix est **un irréductible Gaulois**. - (…) Enzo a été élu **délégué de la classe** par ses camarades. - (…) le frère de Noémie sera **un excellent médecin**. - Léonard de Vinci restera **le symbole de l'artiste de la Renaissance**. - (…) la ville d'Istanbul se nommait **Constantinople**. - Apprendre régulièrement ses leçons est **la clé de la réussite scolaire**. – (…) ce coureur semble **le plus heureux des hommes**.

5 Les panneaux solaires fournissent une électricité respectueuse de l'environnement.
Les guerres de Religion demeurent une période sombre de l'histoire de France.
Après l'accident, les experts examinent les dégâts matériels.
En apercevant la terre, les compagnons de Christophe Colomb parurent surpris.
Devant les facéties des clowns, les jeunes enfants écarquillent les yeux.
Pour acquérir une petite maison, Mme Dupuis emprunte cent mille euros.
Devant l'entrée du musée, la file d'attente est longue, mais les visiteurs sont patients.

17 Le complément du nom

1 Les élèves de l'école Jean Macé partent en classe de neige.
D'importantes forces de sécurité surveillent l'entrée de l'ambassade.
Les pieds des chaises ont rayé les lames du parquet.
Le clocher de cette église est visible à des kilomètres à la ronde.
Les résistants à l'occupant sabotaient les convois d'armement.
La famille de Katia passe ses vacances dans un chalet de montagne.
Le directeur de l'usine recherche un chef d'équipe qualifié.

2 (…) le viticulteur prend une assurance **contre** la grêle. - (…) Antonio a trouvé un emploi **dans** la restauration. - Les verres **en** cristal sont fragiles (…). - Mme Salvi a transformé une lampe **à** pétrole en lampe **de** chevet. - Il n'y a qu'une chance **sur** mille (…). - (…) un appareil **à** éplucher les pommes de terre. - (…) un téléviseur **avec** un écran plat. - Ma grand-mère suit un régime **sans** sel pour lutter contre ses chutes **de** tension.

3 la circulation des véhicules - l'envol des cigognes - la rénovation des façades - la correction du devoir - l'augmentation des prix

4 Le tri des déchets est un problème crucial **pour les habitants de la planète**. - Les oiseaux **de proie** sont à la recherche de petits rongeurs. - À la sortie **du collège**, Raphaël prend la direction du gymnase. - Le distributeur **de billets** est en panne ; il faut aller au guichet **de la banque**. - Avez-vous déjà visité les gorges **du Verdon** ? - Une équipe **d'archéologues** entreprend des fouilles **en Afrique australe**.

5 Les **pilotes** de cette compagnie anglaise surveillent les **instruments** de bord.
Je déjeunerai de **sandwichs** au fromage accompagnés de **verres** de limonade.
Je ne sais pas quels sont les **bureaux** de la préfecture qui délivrent les **cartes** d'identité.

6 *Par exemple :* Pour le pique-nique, nous emporterons des assiettes **en carton**. - Depuis le belvédère **du jardin public**, la vue sur l'île **de Bréhat** est superbe. - Les membres **du jury** ont récompensé un film **à grand spectacle**. - Le jour **de son anniversaire**, Camille portait des bijoux **en argent**. - L'intervention **des secouristes** a permis de sauver les accidentés **de la route**.

18 L'accord du verbe

1 La **barrière** sépare ces deux propriétés. - Les **spectateurs** n'y voient rien. - Le **livre** décrit l'aventure de Bertrand Lion. - Par chance, les **eaux** baissent. - Le **menu** satisfait toute la famille. - Les **journaux** commentent l'explosion du réservoir de gaz.

2 Ceux qui ont des vacances **partent** en Corse. - Sa sœur et lui **consultent** Internet. - Le professeur et vous **étudiez** la guerre de Troie. - Les gardes forestiers **guettent** les départs d'incendie. - C'est toujours toi qui **essuies** le tableau. - Laurence et moi **jouons** dans le jardin.

3 (…) les moteurs de la fusée **vrombiront** - Quand vous **aurez** dix-huit ans, vous **serez** majeurs. - Quelqu'un **pourra** m'aider (…) - J'espère que tu te **montreras** à la hauteur (…) - (…) M. et Mme Sélestat **rentreront** les pots de fleurs. - (…) le pharmacien ne **vendra** pas ce médicament - (…) j'**avertirai** le directeur de l'école.

4 Les toits de La Châtre **ont souffert** de la tempête. - La récolte de maïs **a tenu** toutes ses promesses. - (…) les députés **ont décrété** l'abolition des privilèges. - Le public **a quitté** le stade (…) - Avec tes amis, tu **as regardé** les photographies (…) - Trois coups de pinceau **ont suffi** (…) - J'**ai retenu** la date (…) - Ce petit détail vous **a échappé**.

19 Le participe passé employé avec l'auxiliaire *être*

1 le vieillard **est tombé** - tu **es tombé(e)** - les imprudents **sont tombés** - je **suis tombé(e)** - nous **sommes tombé(e)s** - Nadine **est tombée** - vous **êtes tombé(e)s**

je **suis allé(e)** - Alphonse **est allé** - nous **sommes allé(e)s** - le professeur **est allé** - vous **êtes allé(e)s** - Maryse **est allée** - les élèves **sont allé(e)s**

2 Quand leurs amies **seront arrivées**, ils **pourront** préparer le café. - Quand Maxence **sera arrivé**, vous **pourrez** préparer le café. - Quand Carlos et Olivia **seront arrivés**, je **pourrai** préparer le café. - Quand mes oncles **seront arrivés**, mon père **pourra** préparer le café.

Les chiens **se sont** trop **approchés**, les canards **se sont envolés**. - La meute **s'est** trop **approchée**, la perdrix **s'est envolée**.

Le public **est venu** nombreux (…) - les spectatrices **sont venues** nombreuses (…) - les adolescents **sont venus** nombreux (…)

3 Les cartons seront **stockés** dans le hangar. - Mme Caussade est **repartie** garer sa voiture. - L'équipe d'Annecy était **soutenue** par une foule en délire. - Les problèmes sont **résolus** en quelques minutes. - Le Carnaval fut **vécu** comme une période un peu folle. - Virginie est **admise** en lycée professionnel. - Cette maison est **construite** avec des matériaux traditionnels.

4 Fabienne **est sortie** de chez elle en emportant ses rollers. Elle **est allée** sur la piste spécialement aménagée pour les figures. Elle **s'est élancée** pleine d'assurance. Elle **est tombée** plusieurs fois et elle **s'est relevée** avec quelques égratignures.

Abel et Fatima **sont sortis** de chez eux en emportant leurs rollers. Ils **sont allés** sur la piste spécialement aménagée pour les figures. Ils **se sont élancés** pleins d'assurance. Ils **sont tombés** plusieurs fois et ils **se sont relevés** avec quelques égratignures.

5 Les touristes **se sont groupés** autour du guide. - La question était difficile, les candidats **sont restés** sans voix. - Henri III et Henri IV **sont morts** assassinés tous les deux. - On ne sait pas ce qu'il **est advenu** de ces petits voiliers. - Les pêches **sont parvenues** à maturité ; on peut les cueillir.

20 Le participe passé employé avec l'auxiliaire *avoir*

1 J'**ai appris** ma leçon et je l'**ai récitée** sans commettre une erreur. - Nous **avons choisi** des cassettes et nous les **avons visionnées**. - Notre entraîneur nous **a donné** des conseils que nous **avons suivis** à la lettre. - Les élèves **ont ramassé** tous les détritus qu'ils **ont trouvés** sur la plage.

Corrigés

2 Le menuisier a débité **des planches** puis il **les a rabotées**. - *Les sentiers* **que** nous **avons suivis** deviennent très **étroits**. - Il faut replacer *les volets* **que** tu **as repeints**. - *Les pluies* **que** la météo **avait annoncées** ont inondé les cultures.

3 Charly ne regrette pas les <u>dix années</u> qu'il **a passées** au Togo. - Les campeurs **ont planté** <u>leur tente</u> loin du ruisseau. - D'un seul geste, l'orateur **a calmé** <u>la foule</u> dissipée. - <u>Les lettres</u> **que** la directrice **a signées** partiront ce soir. - <u>Les épreuves</u> que Malika **a réussies** lui procureront un diplôme. - Les cigognes dont nous **avons attendu** <u>la venue</u> sont restées en Alsace.

4 Oui, je <u>l'</u>**ai visitée**. - Non, il n'<u>en</u> **a** pas **provoqué**. - Oui, je <u>les</u> **ai mangés**.

5 Mercredi dernier, les élèves de l'association sportive **ont participé** à un tournoi qui **a réuni** plusieurs collèges. Ils **ont emporté** des maillots qu'ils **ont rangés** dans l'autobus qui <u>les</u> **a conduits** au stade municipal. Le professeur **a pris** un chronomètre, un sifflet et quelques ballons. Les différentes rencontres **ont duré** tout l'après-midi et **ont permis** de désigner le collège le plus sportif.

21 Le participe passé ou le verbe conjugué à un temps simple

1 une cime **atteinte** - des objectifs **atteints**
des espoirs **déçus** - une personne **déçue**
du café **moulu** - des grains **moulus**
un film **réussi** - une fête **réussie**
un pari **tenu** - des promesses **tenues**
une rivière **franchie** - des obstacles **franchis**

2 tu **écris** ; tu **écrivis** ; tu **as écrit**
elle **survit** ; elle **survécut** ; elle **a survécu**
on **attend** ; on **attendit** ; on **a attendu**
il **réfléchit** ; il **réfléchit** ; il **a réfléchi**

3 Je **nourris** les poissons ; des poissons **nourris**
Tu **voulus** une victoire ; une victoire **voulue**
Je **relus** une histoire ; une histoire **relue**
On **cueillit** des fleurs ; des fleurs **cueillies**
Luc **résolut** une difficulté ; une difficulté **résolue**

4 *Les instructions* données ont été suivies à la lettre. - Exclus du terrain, *les joueurs* seront suspendus. - *L'actrice* choisie par le metteur en scène est folle de joie. - *Les chaises* vernies seront rapidement vendues. - *Les feuilles* remplies seront ramassées par le professeur.

5 La gelée d'avril **eut** un effet désastreux (…) - Ce roman est **traduit** en plusieurs langues. - (…) et vous avez **réagi** calmement. - **Servies** fraîches, ces boissons nous désaltèrent.

22 Les propositions indépendantes, coordonnées, juxtaposées

1 <u>Chloé a une belle voix</u> **et** <u>elle compte se présenter à un concours de chant</u>.   **C**
<u>La mairie décide d'installer une sculpture au centre du carrefour Gambetta</u>.   **I**
<u>Le cyclope s'endort</u>, **car** <u>Ulysse lui a fait boire beaucoup de vin</u>.   **C**
<u>Le voleur vient d'être arrêté</u> ; <u>ses empreintes digitales l'ont trahi</u>.   **J**
<u>Mon oncle possède une montre d'une grande valeur</u> ; <u>il ne s'en séparera jamais</u>.   **J**
<u>Les falaises d'Étretat servent de décor aux aventures d'Arsène Lupin</u>.   **I**
<u>Tu consulteras un médecin</u> **ou** <u>tu te rendras aux urgences de l'hôpital</u>.   **C**

2 Tous les passagers sont à bord, les marins larguent les amarres.
Le terrain est impraticable ; la finale de rugby a été annulée.

3 Lilian a mal à la gorge, **donc** il boit trois cuillères de sirop.
Tu as hâte d'être à samedi, **car** c'est le jour de ton anniversaire.

4 Mehdi fait la queue devant le guichet ; il tient absolument à voir ce film. - Mehdi fait la queue devant le guichet, **car** il tient absolument à voir ce film.
Justine ne sait pas écrire ce mot, elle consulte un dictionnaire. - Justine ne sait pas écrire ce mot, **alors** elle consulte un dictionnaire.
Le professeur nous montre une reproduction de Van Gogh ; il attend nos réactions. - Le professeur nous montre une reproduction de Van Gogh, **puis** il attend nos réactions.

5 *Par exemple* : Vous êtes près d'un hôpital : respectez le silence. - Vous êtes près d'un hôpital, **par conséquent** respectez le silence.
La fusée est sur le pas de tir, le décollage est imminent. - La fusée est sur le pas de tir **et** le décollage est imminent.
Des travaux sont en cours : la déviation est obligatoire. - Des travaux sont en cours, **donc** la déviation est obligatoire.

23 Les compléments circonstanciels

1 *Par exemple* : Une péniche est restée bloquée **dans l'écluse**. - La troupe de Molière se produisait **devant le roi**. - Surtout ne pose jamais les mains **sur la vitre du four**. - **Dans cette librairie**, de nombreux romanciers dédicacent leurs livres. - L'équipe de France de surf s'entraîne **sur la côte basque**. - Les scènes principales de ce film se déroulent **à Paris**.

2 *Par exemple* : **Le dimanche**, les rues de la vieille ville sont interdites à la circulation. - M. Blanchet allume la chaudière **dès les premiers froids**. - Marion a beaucoup pleuré **pendant la projection du film**. - Pourquoi ce magasin n'était-il pas ouvert **hier après-midi** ? - **Pendant le carnaval**, les touristes se rendent en nombre à Venise. - En France, les autoroutes sont **rarement** gratuites.

3 *Par exemple* : Tu prépares un exposé sur les Aztèques **afin de mieux connaître cette civilisation**. - Le 1er mai, nous parcourons le sous-bois **pour cueillir du muguet**. - Le pilier de rugby soulève des tonnes de fonte **pour réussir son prochain match**. - Je mélange la farine, les œufs et le lait **afin d'obtenir une pâte lisse**. - La chanteuse saisit le micro **pour s'adresser à son public**. - **Pour avoir la meilleure note**, il faut que ta copie soit exempte d'erreurs.

4 *Par exemple* : Vous avez accueilli le nouveau professeur **avec beaucoup de gentillesse**. - Le chef d'orchestre leva **soudainement** sa baguette et le concert débuta. - **Avec un peu de patience**, je suis sûr que vous résoudrez ce problème. - Les enfants se précipitent au pied du sapin de Noël **en courant**. - Les déménageurs soulèvent le piano **difficilement**. - Imprudente, Victoria a traversé la rue **sans regarder**. - Le peintre observe **attentivement** son modèle, puis il choisit ses couleurs.

5 Afin de placer la tringle du rideau du salon, tu prends un escabeau. - Nous pouvons ramasser des coquillages puisque la mer se retire. - L'obscurité se fait pendant l'éclipse, car la lune cache le soleil. - Au lieu de jouer avec ta console, tu ferais mieux de réviser tes leçons.

6 *Par exemple* : Ce conducteur a dû payer une amende **parce qu'il a dépassé la vitesse autorisée**. - Ton cœur bat bien trop vite **depuis ce matin**. - Alex s'aperçoit qu'il a oublié de noter le numéro **pour rappeler son cousin**. - **Devant le parvis de l'église**, le guide propose de faire une pause. - **En raison du mauvais temps**, la régate a été annulée. - Nous nous sommes rendus à la bibliothèque **pour terminer notre exposé**. - Les enquêteurs ont trouvé des indices **dans le salon**. - **Parce qu'il a été malade**, Samuel terminera son exercice demain.

24 Le présent de l'indicatif des verbes des 2ᵉ et 3ᵉ groupes

1 Nous **disons** la vérité. - Vous **dites** la vérité. - Les témoins **disent** la vérité.
Je **m'assieds** (ou **m'assois**) sur un banc. Nous **nous assoyons** (ou **nous asseyons**) sur un banc. - Les spectateurs **s'assoient** (ou **s'asseyent**) sur un banc.

2 Le voisin ne **tond** jamais sa pelouse (…). - (…) vous **vous munissez** d'un compas. - (…) mais on **entrevoit** un cessez-le-feu. - Les végétariens ne **se nourrissent** que de fruits et de légumes. - Le médecin **prescrit** un sirop (…). - Gaspard **perd** régulièrement ses lunettes de soleil. - (…) je **mords** à belles dents dans une pomme.

3 Cette année, Baptiste **apprend** à jouer de la guitare en compagnie de son ami Valentin. Chaque mercredi, ils **suivent** un cours collectif. Le professeur **choisit** d'abord un morceau assez simple. Les élèves **reproduisent** ensuite quelques accords, et les difficultés

apparaissent. Mais peu à peu, ils **voient** leurs efforts récompensés.

4 Le sucre **se dissout** facilement (…). - La couturière **recoud** l'ourlet de la jupe. - Ces journalistes **reviennent** d'un reportage (…). - Nous **apercevons** enfin la fin de ce travail harassant. - Le daltonien **confond** certaines couleurs. - Je **veux** prendre un raccourci (…).

5 Ce joueur ne **se plaint** jamais de l'arbitrage. - Je **lis** attentivement l'énoncé et je **résous** le problème. - À la fin de la journée, l'autobus **rejoint** le dépôt. - Tu **reçois** de nombreux SMS de tes amis.

25 Le présent de l'indicatif des verbes comme *céder* et *semer*, en *-eler* et *-eter*

1 Je repère (…) - Tu repères (…) - Théo repère (…) - Nous repérons (…) - Vous repérez (…) - Les marins repèrent (…)
Je règle mes phares. - Tu règles tes phares. - Le conducteur règle ses phares. - Nous réglons nos phares. - Vous réglez vos phares. - Les motards règlent leurs phares.

2 Tu **accélères** pour passer (…). - Je **me désaltère** à l'eau de la source fraîche. - Tu **soulèves** ces cartons (…). - M. Lopez ne **tolère** aucun bruit (…). - Vous **exagérez** toujours (…). - (…) des éclairs **zèbrent** le ciel. - Les agriculteurs **assèchent** les marais (…). - Je **possède** une assez belle collection de papillons. - Émilie **s'avère** une redoutable concurrente.

3 Je **cachette** (…) - Tu **cachettes** (…) - Le postier **cachette** (…) - Nous **cachetons** (…) - Vous **cachetez** (…) - Les **secrétaires** cachettent une lettre.
J'**épelle** (…) - Tu **épelles** (…) - Malik **épelle** (…) - Nous **épelons** (…) - Vous **épelez** (…) - Les élèves **épellent** (…)

4 Je **pèle** les pommes (…). - De gros nuages noirs **s'amoncellent** à l'horizon (…). - La lionne **déchiquette** la carcasse (…). - Vous ne **renouvelez** pas votre abonnement (…). - Les pêcheurs **congèlent** les poissons (…). - Le sculpteur et son élève **modèlent** des figurines (…). - La fée Viviane **ensorcelle** l'enchanteur Merlin. - Pourquoi est-ce que tu nous **harcèles** de questions ? - Un peu de cerfeuil **relève** le goût de ce plat.

5 Les jours **se succèdent** (…). - Tu **pénètres** à tâtons (…). - J'**achète** des sandwichs (…). - Les poules **caquettent** (…).

26 L'imparfait de l'indicatif

1 je **mange** ; je **mangeais**
ils **lancent** ; ils **lançaient**
il **avance** ; il **avançait**
j'**espace** ; j'**espaçais**
elles **bougent** ; elles **bougeaient**
vous **nagez** ; vous **nagiez**
tu **te protèges** ; tu **te protégeais**
nous **allongeons** ; nous **allongions**

2 (…) M. Léo **remplaçait** les vitres brisées. - (…) je **plongeais** plusieurs fois. - Les Muses **inspiraient** les poètes grecs. - (…) vous **éclatiez** en sanglots. - Quand Pinocchio **mentait**, son nez **s'allongeait**.

3 Autrefois, on **affranchissait** souvent les lettres (…) - Les premiers aviateurs **atterrissaient** (…) - (…) nous **jouissions** d'une vue exceptionnelle. - (…) vous **ralentissiez** pour éviter tout accident. - (…) tu **resplendissais** de bonheur. - Les chercheurs d'or **s'enrichissaient** en peu de temps (…) - Les lances des pompiers **refroidissaient** la cuve de mazout en feu. - Le boulanger de la Roche-Vineuse **fournissait** toutes les familles du canton. - (…) vous **choisissiez** les produits les plus frais. - Tu **finissais** souvent tes exercices en avance.

4 Vous **connaissiez** Aurélie (…) - (…) nous **faisions** pourtant bonne figure. - (…) je **buvais** un litre d'eau. - (…) tu **voyais** fondre tes économies. - Les forêts de l'Ardèche **produisaient** des tonnes de châtaignes. - (…) on **extrayait** du charbon de médiocre qualité. - Au CM2, j'**écrivais** de longs poèmes (…) - S'il **suffisait** de le dire (…) - Les carottes **cuisaient** à feu doux. - (…) je ne **disais** pas autre chose. - (…) les lutteurs romains **s'enduisaient** d'huile. - Léonard de Vinci **peignait** avec une étonnante maîtrise.

27 Le futur simple de l'indicatif

1 Je **paierai** (…) - Tu **paieras** (…) - Paul **paiera** (…) - Nous **paierons** (…) - Vous **paierez** (…) - Les clients **paieront** (…)
Je **déjouerai** (…) - Tu **déjoueras** (…) - Sandra **déjouera** (…) - Nous **déjouerons** (…) - Vous **déjouerez** (…) - Les candidats **déjoueront** (…)

2 (…) les joueurs **renoueront** avec la victoire. - Une bande-annonce **avertira** les téléspectateurs sensibles. - (…) les pompiers **évalueront** l'étendue des dégâts. - Tu **viendras** m'aider (…). - (…) vous **bénéficierez** d'une petite réduction. - Je **tiendrai** fermement la barre (…). - (…) nous **déplierons** la carte routière.

3 **Nous** empaquetterons les cadeaux. - **Il** (**Elle**) amoncellera des trésors. - **Vous** cachetterez les documents. - **Je** pèlerai des fruits. - **Nous** achèterons des timbres.
Ils grommelleront dans leur barbe. - **Tu** feuilletteras l'atlas. - **Je** te harcèlerai de questions. - **Il** (**Elle**) épellera les mots difficiles. - **Ils** (**Elles**) dételleront la jument.

4 Tu **verras** les conséquences et tu **reviendras** sur tes décisions.
Les ministres **verront** les conséquences et ils **reviendront** sur leurs décisions.
Vous **verrez** les conséquences et vous **reviendrez** sur vos décisions.

5 (…) vous **appuierez** sur les pédales. - Tu ne **jetteras** pas les bouteilles (…). - Je **nettoierai** mes lunettes (…).

6 Nous **saurons** demain (…). - Nous **serons** ravies (…). - (…) cet objet **vaudra** une fortune. - Le renard **devra** jeûner (…) ! - (…) Saïd **courra** le marathon de Paris. - Ce médecin **acquerra** un grand prestige (…).

28 Le passé simple de l'indicatif

1 J' (**tu**) abattis (…) - **Il** (**elle**) descendit (…) - Je (**tu**) fis (…) - **Il** (**elle**) lut (…) - Je (**tu**) sortis (…) - **Je** (**tu**) rompis (…) - **Ils** (**elles**) éteignirent (…) - **Ils** (**elles**) vécurent (…) - **Nous** aperçûmes (…) - **Vous** ne crûtes pas (…)

2 Tu **suivis** mes conseils et tu t'en **portas** bien. - Marcel **fit** un écart ; il **heurta** le mur. - Cette nuit, vous **perçûtes** un léger tremblement de terre. - Duguesclin **mourut** devant Châteauneuf-de-Randon. - Des barrières métalliques **interdirent** l'accès de la ligne d'arrivée.

3 Je **changeai** (…) - Tu **changeas** (…) - Véronique **changea** (…) - Nous **changeâmes** (…) - Vous **changeâtes** (…) - Les mécaniciens **changèrent** (…)
Je **voyageai** seul(e). - Tu **voyageas** seul(e). - Huguette **voyagea** seule. - Nous **voyageâmes** seul(e)s. - Vous **voyageâtes** seul(e)s. - Les enfants **voyagèrent** seul(e)s.

4 Tu **nageas** (…) - M. Florès **lança** une énorme plaisanterie. - (…) le déménageur **fléchit**. - Tu **réagis** violemment (…) - La Bastille **accueillit** quelques prisonniers célèbres. - Le champion d'échecs **sacrifia** son pion (…)

5 Nous **parvînmes** difficilement à maîtriser (…) - Le surveillant **intervint** pour séparer (…) - Les chiens de garde **devinrent** subitement agressifs. - Tu **subvins** aux besoins de tes grands-parents (…)
(…) le judoka **commit** une erreur fatale.- Tu **admis** enfin la vérité. - La radio **transmit** des messages (…) - Les bourgeois de Calais **remirent** les clés de la ville aux Anglais.

29 Les temps composés de l'indicatif

1 J'**étais demeuré**(e) (…) - Tu **étais demeuré**(e) (…) - Le chanteur **était demeuré** (…) - Nous **étions demeuré**(e)s (…) - Vous **étiez demeuré**(e)s (…) - Les journalistes **étaient demeurés** (…)
J'**avais cherché** (…) - Tu **avais cherché** (…) - M. Madiot **avait cherché** (…) - Nous **avions cherché** (…) - Vous **aviez cherché** (…) - Les retardataires **avaient cherché** (…)

2 Quand j'**eus comparé** ces deux parfums (…) - Lorsque tu **eus perdu** trois fois (…) - Dès que le conducteur **eut arrêté** le moteur (…) - Quand les correcteurs **eurent terminé** (…) -

Après que vous **eûtes savouré** ce plat (…) - Aussitôt qu'il **eut ouvert** son cadeau (…) - Quand elle **eut choisi** un bonnet (…) - Après que nous **eûmes dormi** douze heures (…) - Dès que tu **eus franchi** la porte (…) - Après que le cerf-volant **eut tournoyé** un instant (…)

3 Quand nous **aurons atteint** la cible, nous **recevrons** (…) - Quand les archers **auront atteint** la cible, ils **recevront** (…) - Quand tu **auras atteint** la cible, tu **recevras** (…) - Quand le tireur **aura atteint** la cible, il **recevra** (…) - Quand vous **aurez atteint** la cible, vous **recevrez** la coupe du vainqueur.

4 Quand l'arbitre **aura sifflé** la fin du match (…) - Dès que nous **serons rentré(e)s** (…) - Lorsque vous **aurez compris** (…) - Aussitôt que le bateau **aura largué** les amarres (…)

5 Les ouvriers *posèrent* le câble quand ils **eurent creusé** la tranchée.
Quand nous **serons parvenu(e)s** au sommet, nous *soufflerons* un instant.
Le mécanicien **avait** si bien **réglé** le moteur qu'il ne *vibrait* plus.

30 Le présent du conditionnel

1 Les policiers **accourront**. - Les policiers **accourraient**-ils ?
Je **franchirai** la rivière. - **Franchirais**-je la rivière ?
Nous **copierons** le résumé. - **Copierions**-nous le résumé ?
Tu te **piqueras** le doigt. - Te **piquerais**-tu le doigt ?
Vous vous **endormirez**. - Vous **endormiriez**-vous ?
Elle **garera** sa voiture. - **Garerait**-elle sa voiture ?
Nous **scierons** des bûches. - **Scierions**-nous des bûches ?
Je ne **boirai** pas de vin. - Ne **boirais**-je pas de vin ?

2 (…) le chirurgien **pratiquerait** une incision. - (…) vous ne **supporteriez** pas tout ce bruit. - Toi, tu **déménagerais** (…) - (…) tu **bénéficierais** des soldes. - Qui n'**aimerait** pas devenir riche et célèbre ? - (…) je **retrouverais** l'adresse de M. Pauly. - (…) nous ne **pèserions** pas lourd ! - (…) nous **accepterions** volontiers un échange.

3 S'il **pleuvait**, nous **chercherions** des escargots. - Si vous **aviez** du tact, vous **éviteriez** de l'importuner. - Si vous **visionniez** ce film, peut-être vous **plairait**-il ? - Si tu **voulais** te rendre utile, tu **nettoierais** la terrasse.

4 (…) Gladys **saurait** contenir sa colère - (…) David **serait** un grand pianiste - (…) ce chêne **mourrait**. - (…) elle **vaudrait** une fortune ! - (…) vous ne **tiendriez** pas vos promesses. - **Auriez**-vous dix euros à me prêter ? - Que **deviendraient** les petits villages (…)

5 (…) tu **guérirais** en une semaine. - (…) vous ne **cueillerez** guère de cerises. - (…) je te l'**offrirai** pour Noël. - (…) nous **interviendrions**. - (…) l'antiquaire ne **pourra** pas le remplacer. - (…) nous nous **ennuierions**. - (…) il **ferait** mieux de se taire.

31 Le présent du subjonctif

1 nous nous **peignons** - (…) que nous nous **peignions**
ils **campent** - (…) qu'ils **campent**
vous **essayez** - (…) que vous **essayiez**
elle **vient** - (…) qu'elle **vienne**
tu **relis** - (…) que tu **relises**
je **bondis** - (…) que je **bondisse**

2 (…) que chacun **puisse** s'amuser. - (…) qu'il **pleuve** à verse. - Que vous **preniez** l'avion sans moi ? (…) - Que personne ne **sorte** (…) - Quelles que **soient** les circonstances (…) - Que Yohan nous **soumette** son projet (…) - (…) que vous vous **précipitiez** ? - (…) que nous **restions** au chaud.

3 (…) que tu **ailles** au fond des choses. - (…) que les vents **faiblissent**. - (…) que je ne **voie** pas la prochaine éclipse. - (…) que Frédérique se **taise**.

4 Tu **n'es pas** convaincue que je **sache** résoudre cette énigme. - Il **n'est pas** évident que je **rejoigne** la côte à la nage. - Je **ne crois pas** que Myriam **voie** la fin de ses ennuis.

5 (…) que cette baleine **meure** échouée sur la plage. - Comme tu **lis** aisément (…) - (…) que vous **simplifiiez** les calculs.

32 Le présent de l'impératif

1 Tu te **sers**. - **Sers**-toi.
Tu **reviens** sur tes propos. - **Reviens** sur tes propos.
Tu ne te **ridiculises** pas. - Ne te **ridiculise** pas.
Tu **conduis** calmement. - **Conduis** calmement.
Tu te **maîtrises**. - **Maîtrise**-toi.
Tu **vas** chez le boucher. - **Va** chez le boucher.
Tu ne te **vexes** pas. - Ne te **vexe** pas.

2 **Respire** mieux. - **Réagissons** au plus vite. - **Graisse** ton vélo. - **Notez** ces conseils. - **Vide** tes poches. - **Balayez** le couloir. - **N'oublie** pas tes clés.

3 (…) **soutiens**-la.- (…) **lève**-toi. - **Profite** du soleil (…) - **Réunis** les documents (…) - **Efforce**-toi de présenter (…)

4 **Veuillez** agréer (…) - (…) **archivez**-les. - **Éteignez** la lumière (…) - Au stop, **marquez** toujours l'arrêt. - **Méfiez**-vous de l'eau (…) - Ne **fumez** pas (…)

5 **Déplie** ta canne. - **Place** un ver sur l'hameçon. - **Sois** patient. - Ne **fais** pas de bruit. - **Surveille** ton bouchon. - **Tire** un coup sec en cas de prise. - **Serre** bien ta canne. - **Sers**-toi de l'épuisette. - **Range** bien ton matériel.

33 Voix active – Voix passive

1 Le serveur apporte le potage. - Des musiciens amateurs enregistrent cette chanson. - Cette association enverra des livres au Soudan. - La classe de 5e C jouera une pièce de Molière.

2 La ruche a été détruite par un ourson friand de miel. - Les tuiles de tous les bâtiments sont arrachées par la tempête. - Les huîtres étaient ramassées par l'ostréiculteur. - Le sol lunaire a été foulé par Neil Armstrong le 21 juillet 1969.

3 L'oiseau (…) : **voix active** - Le piano (…) : **voix passive** - Une étrange idée (…) : **voix active** - La piste (…) : **voix passive** - Pedro (…) : **voix active** - Les rues (…) : **voix passive** - Vous (…) : **voix passive** - Tu (…) : **voix active**

4 Tous les billets ont été vérifiés par le contrôleur. - Je serai certainement félicité(e) par mes parents. - Vous avez été surprises par l'arrivée soudaine du TGV. - Tu as été involontairement griffée par ton chat.

5 *Par exemple* : Les catamarans sont poussés **par la brise**. - (…) le sentier est recouvert **par les grêlons**. - Le téléphérique est emprunté **par les randonneurs**. - Le chanteur de rock est acclamé **par le public**. - Le chalet est caché **par les épicéas et les sapins**.

34 Les formes affirmative, négative et impersonnelle

1 L' éleveur vend des poulets nourris avec des produits naturels. - Alexandre comprend tout, et pourtant le texte est écrit en anglais. - Ce skieur porte un bonnet et des gants ; il est prudent.

2 Cet automobiliste **ne** dépasse **jamais** la vitesse autorisée. - Ce nouvel appareil ménager à la forme bizarre **ne** sert à **rien**. - Il **n'**y a **plus** d'eau dans le lac du barrage. - Les nappes de brouillard **ne** gênent **guère** les pilotes lors des atterrissages.

3 Ces ampoules **ne** consomment **pas** beaucoup d'électricité. - M. Léandre **ne** s'endort **jamais** sans avoir lu. - Les randonneurs **n'**ont **aucune** raison de s'inquiéter : il **ne** va **pas** pleuvoir. - Le cascadeur **ne** prend **pas** de risques en sautant de ce balcon.

4 Je n'ai pas encore sauté en parachute. - Thomas n'a jamais raison. - Je n'ai rien compris. - Personne ne peut entrer. - Les prix n'augmentent plus. - Je n'écoute pas souvent de la musique. - Il ne gèle plus.

5 Il souffle un vent du nord sur les plaines glacées de Sibérie. - Il reste des bagages sur le tapis roulant de l'aéroport. - Il me vient à l'esprit des projets d'aventures. - Il existe des manuscrits datant du Moyen Âge dans cette bibliothèque. - Dans cette cave, il pend des toiles d'araignée au plafond.

BLED ANGLAIS

Pour tous ceux qui souhaitent acquérir une bonne maîtrise de l'anglais.

ÉGALEMENT DISPONIBLES

Des cahiers d'entraînement pour réviser les notions fondamentales et progresser rapidement en anglais

- des rappels de cours
- des exercices progressifs, tous corrigés
- un tableau des verbes irréguliers
- de la phonétique

 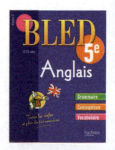
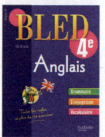 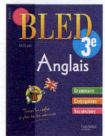

18 En forêt

Un vent froid soufflait de la plaine. Le bois était ténébreux, sans aucun froissement de feuilles, sans aucune de ces vagues et fraîches lueurs de l'été. De grands branchages s'y dressaient affreusement. Des buissons chétifs et difformes sifflaient dans les clairières. Les hautes herbes fourmillaient sous la bise comme des anguilles. Les ronces se tordaient comme de longs bras armés de griffes cherchant à prendre des proies. Quelques bruyères sèches, chassées par le vent, passaient rapidement et avaient l'air de s'enfuir avec épouvante devant quelque chose qui arrivait.

Victor Hugo, *Les Misérables*.

19 Un vainqueur heureux

Monsieur et madame Beaumont n'étaient jamais allés en Amérique. Mais dans un concours de mots croisés, madame Beaumont a gagné un voyage à New York. Ils sont donc partis tous les deux pour découvrir cette ville étrange. Lorsque l'avion s'est posé, ils ont été impressionnés par les gratte-ciel. Ils se sont rendus à Manhattan à la recherche de leur hôtel. Les jours suivants, ils sont montés dans des taxis jaunes et ont visité toute la ville. Monsieur Beaumont est rentré enchanté et il encourage sa femme à participer à un nouveau concours.

20 Un nouvel élève

Nous avons eu un nouveau, en classe. L'après-midi, la maîtresse est arrivée avec un petit garçon qui avait les cheveux tout rouges, des taches de rousseur et des yeux bleus comme la bille que j'ai perdue hier à la récréation, mais Maixent a triché. « Mes enfants, a dit la maîtresse, je vous présente un nouveau petit camarade. Il est étranger et ses parents l'ont mis dans cette école pour qu'il apprenne à parler français. » Et puis la maîtresse s'est tournée vers le nouveau et elle lui a dit : « Dis ton nom à tes petits camarades. » Le nouveau n'a pas compris, il a souri et nous avons vu qu'il avait des tas de dents terribles.

Jean-Jacques Sempé / René Goscinny, *Les Récrés du Petit Nicolas*, Denoël.

21 Un armateur audacieux

Vers la fin du XIIe siècle, Alexandre Aufrédy, négociant de La Rochelle, arma une dizaine de navires qu'il expédia vers les ports méditerranéens du Proche-Orient. Le temps mis à caboter le long des côtes fut tel que l'on crut la flotte perdue corps et biens. Aufrédy, qui avait investi sa fortune dans cette expédition, se vit ruiné et tomba dans la misère. Après des années, alors que tout espoir semblait perdu, la flotte revint, et du même coup la richesse. Aufrédy et sa femme décidèrent de consacrer leur fortune aux pauvres dont ils avaient partagé la condition.

22 Le phare des Sanguinaires

Le soleil, déjà très bas, descendait vers l'eau de plus en plus vite, entraînant tout l'horizon après lui. Le vent fraîchissait, l'île devenait violette. Dans le ciel, près de moi, un gros oiseau passait lourdement : c'était l'aigle de la tour génoise. Peu à peu la brume de mer montait. Bientôt on ne voyait plus que l'ourlet blanc de l'écume autour de l'île. Tout à coup, au-dessus de ma tête, jaillit un grand flot de lumière douce. Le phare était allumé. Laissant toute l'île dans l'ombre, le clair rayon allait tomber au large sur la mer, et j'étais là perdu dans la nuit, sous ces grandes ondes lumineuses.

Alphonse Daudet, *Lettres de mon moulin*, 1869.

23 Les icebergs

Vers le 23 juillet, un reflet, élevé au-dessus de la mer, annonça les premiers bancs de glace qui, sortant alors du détroit de Davis, se précipitaient dans l'océan. À partir de ce moment, une surveillance très active fut recommandée aux vigies, car il importait de ne point se heurter à ces masses énormes.

L'équipage fut divisé en deux quarts : chacun ne devait durer que deux heures, car sous ces froides régions, la force de l'homme est diminuée de moitié. […]

La pluie et la neige tombaient souvent en abondance. Pendant les éclaircies, quand le vent ne soufflait pas trop violemment, Marie demeurait sur le pont, et ses yeux s'accoutumaient à ces rudes scènes des mers polaires.

Jules Verne, Un hivernage dans les glaces, 1855.

Conjugaison → *dictées à faire sur un cahier à part*

24 Les patineurs

Lors des hivers rigoureux, le lac se recouvre d'une épaisse couche de glace. Nous pouvons alors pratiquer l'un de nos passe-temps favori : la glissade. Je prévois toujours des gants pour amortir les éventuelles chutes. Certains de mes camarades s'assoient sur des cartons et les plus grands viennent les pousser. D'autres veulent exécuter des sauts. Quand on les voit s'élancer, cela paraît facile, mais beaucoup de ces apprentis patineurs font connaissance avec la dure réalité de la glace ! Après des heures de pur bonheur, nous rejoignons le chalet et nous buvons un bon chocolat pour nous réchauffer.

25 Tremblement de terre

Subitement, le sol se dérobe sous les pas des habitants qui s'écartent instinctivement des bâtiments les plus fragiles. Les forces de la nature sèment la terreur. De nombreux murs se lézardent et le clocher de l'église se fissure. La terre tremble toujours mais les secousses s'espacent et diminuent d'intensité. Comme certains projettent déjà de regagner leur logement, quelques anciens, qui se rappellent le dernier cataclysme, renouvellent leurs conseils de prudence. Il faut attendre que le calme revienne définitivement.

Au matin, il s'avère que tout danger semble écarté et les villageois s'affairent à la tâche la plus urgente : reconstruire.

26 Robinson

Robinson ne cessait d'organiser et de civiliser son île, et de jour en jour, il avait davantage de travail et des obligations plus nombreuses. Le matin par exemple, il commençait par faire sa toilette, puis il lisait quelques pages de la Bible, ensuite il se mettait au garde-à-vous devant le mât où il faisait ensuite monter le drapeau anglais. Puis avait lieu l'ouverture de la forteresse. On faisait basculer la passerelle par-dessus le fossé et on dégageait les issues bouchées par les rochers. La matinée commençait par la traite des chèvres, ensuite il fallait visiter la garenne artificielle […].

Michel Tournier, Vendredi ou la vie sauvage, Gallimard.

27 Moi, quand je serai grande…

Quand je serai grande, je ferai peur à tous les docteurs de l'hôpital, je peignerai mes petites sœurs, je vendrai des gifles, je pourrai veiller très, très tard.

Quand je serai grande, j'aurai deux voitures.

Quand je serai grande, je serai plus belle que le soleil et bien plus forte que la guerre.

Quand je serai grande, j'aurai deux amoureux, je saurai enfin comment les bébés arrivent sur terre, mes enfants pousseront tout seuls.

Quand ils seront grands, grands comme les grands, ils m'appelleront petite mère.

Mais quand j'aurai mes petits-enfants, aussi petits que moi quand je n'étais pas grande, je serai de nouveau grande, grande, grande, grande, comme une grand-mère.

Pef, *Moi, quand je serai grande*, Scandéditions-la Farandole, 1988.

28 Guillaume Tell

On raconte que Guillaume Tell et son fils descendaient vers le village. Sur la place centrale, le tyran Gessler avait placé son chapeau au haut d'un mât et tout le monde devait le saluer. Guillaume Tell refusa d'accomplir ce geste synonyme de soumission. Aussitôt, Gessler le fit arrêter et le sachant très habile arbalétrier, il le condamna à traverser d'une flèche la pomme placée sur la tête de son fils. Tell se plaça calmement à une centaine de pas de la cible humaine, il visa et son projectile vola vers le fruit qu'il perça en son centre. Tell sortit victorieux de cette cruelle épreuve.

29 Le premier tour du monde

Le mercredi 28 novembre 1520, après avoir franchi le détroit, nous sommes entrés dans l'océan Pacifique. Nous y avons navigué pendant trois mois et vingt jours, sans jamais pouvoir nous ravitailler en nourriture et boisson. Nous n'avions à manger que de vieux biscuits réduits en poudre, grouillant de vers et puant l'urine des rats qui avaient grignoté tout ce qui était bon. L'eau que nous buvions était jaune et infecte. Nous mangions aussi les peaux de bœuf dont on avait recouvert la grande vergue pour protéger les cordages. Les peaux étaient durcies par le soleil, le vent et la pluie. Nous avons ainsi parcouru quatre mille lieues.

Antonio Pigafetta,
Relation du premier voyage autour du monde par Magellan.

30 Une course au large

Les trois marins espéraient que leur périple se déroulerait tout à fait normalement. Le chef de la sécurité leur avait affirmé que, si par hasard le moindre incident se produisait, la balise Argos se déclencherait. Aussitôt des recherches seraient entreprises et les sauveteurs les repéreraient bien vite.

Malgré tout, les navigateurs regardaient avec un petit pincement au cœur la pointe du Raz qui s'éloignait à l'horizon. Ils quittaient la terre ferme pour plusieurs mois. Installé devant son téléviseur pour regarder le départ de la course, Samir pensait : « Je voudrais bien être à leur place. »

Textes des dictées bilan

31 L'esprit sportif
Pour qu'une partie de rugby soit agréable à regarder et satisfasse les spectateurs, il faut que tous les acteurs soient disposés à respecter les règles et qu'ils sachent contenir leur agressivité. Il est également nécessaire que l'arbitre remplisse sa tâche sans faillir et qu'il obtienne le respect des deux équipes, c'est-à-dire qu'il prenne des décisions impartiales et rigoureuses. De plus, il est souhaitable que les spectateurs fassent preuve de retenue en encourageant leur équipe tout en appréciant le beau jeu de l'équipe adverse. Ce sont peut-être des choses évidentes mais il vaut mieux qu'elles soient rappelées de temps en temps.

32 Le permis de conduire
Pendant plusieurs semaines, Lucie a pris des cours de conduite. Ce matin, il faut qu'elle se présente à l'examen. Les candidats, anxieux ou sûrs d'eux, attendent leur tour pour subir cette redoutable épreuve. Lucie essaie de se souvenir des conseils de son moniteur.
« Attache ta ceinture, détends-toi, règle ton rétroviseur, démarre doucement, ne cale pas, écoute bien les directives de l'inspecteur, sache que la circulation t'obligera à réduire ta vitesse, respecte les panneaux de signalisation. » Tout se bouscule dans sa tête. Mais, après un circuit de quinze minutes et malgré quelques erreurs minimes, Lucie obtient le précieux certificat.

33 Le cyclone Louis
L'alerte est donnée par la station météorologique de Saint-Pierre : le cyclone Louis se dirige droit sur l'île de la Réunion. Des vents d'une extrême violence sont annoncés par les spécialistes. Sur l'île, tous les habitants ont déjà pris leurs précautions. Les fenêtres sont protégées par des planches et les antennes de télévision sont démontées. Les bâtiments administratifs et les écoles sont fermés sur ordre des responsables locaux et la population ne doit plus circuler, sauf en cas d'urgence. Tous les ans, à la même époque, ce phénomène climatique se renouvelle.

34 La nourriture de demain
Dans quelques années, il y aura encore des amateurs de bons petits plats de nos grands-parents. Les pilules et les sachets ne remplaceront jamais les produits de nos terroirs, et la chimie sera écartée de nos préparations culinaires. Nous ne consommerons pas des dragées de toutes les couleurs, mais nous goûterons encore la bonne cuisine qui continuera de mijoter sur nos fourneaux. Nos légumes ne seront plus recouverts de pesticides, et nous trouverons dans nos assiettes de nouvelles espèces issues des progrès de l'agriculture biologique.

3 Transformez les phrases comme dans l'exemple, puis encadrez les compléments du nom.

L'émission est finie. → *la fin de l'émission*

Les véhicules circulent. → ....

Les cigognes s'envolent. → ....

Les façades sont rénovées. → ....

Le devoir est corrigé. → ....

Les prix augmentent. → ....

4 Complétez les phrases avec les compléments du nom suivants.

de proie – du collège – en Afrique australe – de billets – du Verdon – pour les habitants de la planète – de la banque – d'archéologues

Le tri des déchets est un problème crucial ....

Les oiseaux .... sont à la recherche de petits rongeurs.

À la sortie ...., Raphaël prend la direction du gymnase.

Le distributeur .... est en panne ; il faut aller au guichet ....

Avez-vous déjà visité les gorges .... ?

Une équipe .... entreprend des fouilles ....

5 Écrivez les noms en couleur au pluriel et accordez comme il convient.

Le **pilote** de cette compagnie anglaise surveille l'**instrument** de bord.

....

Je déjeunerai d'un **sandwich** au fromage accompagné d'un **verre** de limonade.

....

Je ne sais pas quel est le **bureau** de la préfecture qui délivre la **carte** d'identité.

....

6 Complétez les phrases avec des compléments du nom de votre choix.

Pour le pique-nique, nous emporterons des assiettes ....

Depuis le belvédère ...., la vue sur l'île .... est superbe.

Les membres .... ont récompensé un film ....

Le jour ...., Camille portait des bijoux ....

L'intervention .... a permis de sauver les accidentés ....

---

mémo futé

Le complément du nom peut comporter des adjectifs qualificatifs ou d'autres compléments.

une fenêtre <u>avec des volets **roulants**</u>   une fenêtre avec <u>des volets **en aluminium**</u>

       complément du nom   complément du nom

Grammaire

18 L'accord du verbe

- Le verbe s'accorde, en personne et en nombre, avec le **nom principal du groupe sujet**. On trouve le groupe sujet en posant la question « Qui est-ce qui ? » (« Qu'est-ce qui ? ») devant le verbe.
Le panneau lumineux nous indique l'heure du départ de l'avion.
Qui est-ce qui nous indique l'heure ? → **le panneau** lumineux

- Quelle que soit la construction de la phrase, le verbe s'accorde **toujours** avec le nom principal du groupe sujet.
Le panneau lumineux placé au-dessus des comptoirs d'enregistrement nous indique l'heure du départ de l'avion.
Qui est-ce qui nous indique l'heure ? → **le panneau**

- Le nom principal du groupe sujet peut être séparé du verbe par des groupes de mots ou des propositions.
Le panneau lumineux, que tout le monde peut voir, nous indique l'heure du départ de l'avion.

- Le groupe sujet peut être placé après le verbe ; on dit alors qu'il y a **inversion** du sujet.
Le panneau lumineux sur lequel apparaissent les heures d'arrivée et de départ des avions, renseigne les voyageurs.
Qui est-ce qui apparaissent ? → **les heures** d'arrivée et de départ des avions

1 Copiez chaque phrase en réduisant le groupe sujet au nom principal.

Les rues de la vieille ville *attirent les piétons.* → Les rues *attirent les piétons.*
La barrière de bois blanc sépare ces deux propriétés.
....
Les spectateurs du dernier rang n'y voient rien.
....
Le livre qu'Olivier a illustré décrit l'aventure de Bertrand Lion.
....
Par chance, les eaux tumultueuses de la petite Grosne baissent.
....
Le menu à dix euros satisfait toute la famille.
....
Tous les journaux d'aujourd'hui commentent l'explosion du réservoir de gaz.
....

2 Écrivez les verbes entre parenthèses au présent de l'indicatif.

(partir) Ceux qui ont des vacances .... en Corse.
(consulter) Sa sœur et lui .... Internet.
(étudier) Le professeur et vous .... la guerre de Troie.
(guetter) Les gardes forestiers .... les départs d'incendies.
(essuyer) C'est toujours toi qui .... le tableau.
(jouer) Laurence et moi .... dans le jardin.

3 Écrivez les verbes entre parenthèses au futur simple.

(vrombir) Au décollage, les moteurs de la fusée ....
(avoir - être) Quand vous .... dix-huit ans, vous .... majeurs.
(pouvoir) Quelqu'un .... m'aider à déplacer le buffet.
(se montrer) J'espère que tu .... à la hauteur de ta réputation.
(rentrer) Chaque soir, M. et Mme Sélestat .... les pots de fleurs.
(vendre) Sans ordonnance, le pharmacien ne .... pas ce médicament.
(avertir) Dès mon retour, j'..................... le directeur de l'école.

4 Écrivez les verbes entre parenthèses au passé composé.

(souffrir) Les toits de La Châtre .... de la tempête.
(tenir) La récolte de maïs .... toutes ses promesses.
(décréter) Le 4 août 1789, les députés .... l'abolition des privilèges.
(quitter) Le public .... le stade avant la fin de la partie.
(regarder) Avec tes amis, tu .... les photographies de ton voyage.
(suffire) Trois coups de pinceau .... pour transformer cette pièce.
(retenir) J'..................... la date de la découverte de l'Amérique : 1492.
(échapper) Ce petit détail vous ....

---

mémo futé

Deux sujets au singulier valent un sujet **pluriel**.

Le ski de fond développ**e** la capacité thoracique.
La course à pied développ**e** la capacité thoracique.
Le ski de fond et la course à pied développ**ent** la capacité thoracique.

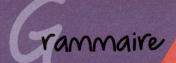

19 Le participe passé employé avec l'auxiliaire *être*

Le participe passé employé avec l'auxiliaire **être** s'accorde **en genre et en nombre** avec **le nom principal** du groupe sujet.
Le train est parti. La voiture est parti**e**.
Les trains sont parti**s**. Les voitures sont parti**es**.

1 Écrivez au passé composé.

tomber dans l'escalier

Le vieillard ....
Tu ....
Les imprudents ....
Je ....
Nous ....
Nadine ....
Vous ....

aller au collège

Je ....
Alphonse ....
Nous ....
Le professeur ....
Vous ....
Maryse ....
Les élèves ....

2 Changez les sujets sans modifier les temps.

Quand ils seront arrivés, nous pourrons préparer le café.

Quand leurs amies .... , ils ....
Quand Maxence .... , vous ....
Quand Carlos et Olivia .... , je ....
Quand mes oncles .... , mon père ....

Le renard s'est trop approché, le faisan s'est envolé.

Les chiens .... , les canards ....
La meute .... , la perdrix ....

La foule est venue nombreuse pour écouter ce groupe de rap.

Le public ....
Les spectatrices ....
Les adolescents ....

3 Complétez avec le participe passé des verbes entre parenthèses que vous accorderez.

(stocker) Les cartons seront .... dans le hangar.
(repartir) Mme Caussade est .... garer sa voiture.
(soutenir) L'équipe d'Annecy était .... par une foule en délire.
(résoudre) Les problèmes sont .... en quelques minutes.
(vivre) Le Carnaval fut .... comme une période un peu folle.
(admettre) Virginie est .... en lycée professionnel.
(construire) Cette maison est .... avec des matériaux traditionnels.

4 Écrivez les verbes de ce texte au passé composé en changeant les sujets.

Raphaël sort de chez lui en emportant ses rollers. Il va sur la piste spécialement aménagée pour les figures. Il s'élance plein d'assurance. Il tombe plusieurs fois et il se relève avec quelques égratignures.

Fabienne ....

....

....

....

Abel et Fatima ....

....

....

....

5 Écrivez les verbes entre parenthèses au passé composé.

(se grouper) Les touristes .... autour du guide.
(rester) La question était difficile, les candidats .... sans voix.
(mourir) Henri III et Henri IV .... assassinés tous les deux.
(advenir) On ne sait pas ce qu'il .... de ces petits voiliers.
(parvenir) Les pêches .... à maturité ; on peut les cueillir.

---

mémo futé

Lorsqu'on rencontre la forme **avoir été**, il s'agit du verbe **être** conjugué avec l'auxiliaire **avoir** ; le participe passé **été** est toujours invariable.
Le participe passé qui suit la forme **avoir été** est employé avec l'auxiliaire **être**, il s'accorde donc **toujours** avec le nom principal du groupe sujet.

Les ouvrier**s** sont payé**s**.   Les ouvrier**s** ont été payé**s**.
La pizza est découpé**e**.   La pizza a été découpé**e**.

20 Le participe passé employé avec l'auxiliaire *avoir*

Le participe passé employé avec l'auxiliaire **avoir** ne s'accorde **jamais avec le sujet** du verbe.
le ballon a roulé ; la balle a roulé ; les cerceaux ont roulé ; les billes ont roulé
Il s'accorde en genre et en nombre avec le **complément d'objet direct** du verbe quand celui-ci est placé **avant** le participe passé.
Dans ce cas, le complément d'objet direct est souvent un pronom personnel ou un pronom relatif.
Je ramasse le ballon que vous avez lancé.
Je ramasse la balle que vous avez lancée.
Je ramasse les cerceaux que vous avez lancés.
Je ramasse les billes que vous avez lancées.

1 Écrivez les verbes en couleur au passé composé.

apprendre - réciter

J'.................................. ma leçon et je l'.................................. sans commettre une erreur.

choisir - visionner

Nous .... des cassettes et nous les ....

donner - suivre

Notre entraîneur nous .... des conseils que nous .... à la lettre.

ramasser - trouver

Les élèves .... tous les détritus qu'ils .... sur la plage.

2 Écrivez les noms en couleur au pluriel et accordez.

Le menuisier a débité une **planche** puis il l'a rabotée.

....

Le **sentier** que nous avons suivi devient très étroit.

....

Il faut replacer le **volet** que tu as repeint.

....

La **pluie** que la météo avait annoncée a inondé les cultures.

....

3 Écrivez les verbes entre parenthèses au passé composé.

(passer) Charly ne regrette pas les dix années qu'il .... au Togo.

(planter) Les campeurs .... leur tente loin du ruisseau.

(calmer) D'un seul geste, l'orateur .... la foule dissipée.

(signer) Les lettres que la directrice .... partiront ce soir.

(réussir) Les épreuves que Malika .... lui procureront un diplôme.

(attendre) Les cigognes dont nous .... la venue sont restées en Alsace.

4 Répondez (affirmativement ou négativement selon votre choix) à ces questions en utilisant un pronom personnel complément.

As-tu visité l'exposition sur les trésors de l'Afrique de l'Ouest ?

....

Le verglas a-t-il provoqué ces accidents ?

....

As-tu mangé ces biscuits que j'avais préparés pour toi ?

....

5 Écrivez les verbes de ce texte au passé composé.

Aujourd'hui, les élèves de l'association sportive **participent** à un tournoi qui **réunit** plusieurs collèges. Ils **emportent** des maillots qu'ils **rangent** dans l'autobus qui les **conduit** au stade municipal. Le professeur **prend** un chronomètre, un sifflet et quelques ballons. Les différentes rencontres **durent** tout l'après-midi et **permettent** de désigner le collège le plus sportif.

Mercredi dernier, ...

....

....

....

....

mémo futé

Certains participes passés ne s'accordent jamais, tout simplement parce que ces verbes ne peuvent pas avoir de complément d'objet direct ; on dit que ce sont des verbes **intransitifs**.

voyager → Le pays dans lequel elle a **voyagé**.
lutter → Les droits pour lesquels ils ont **lutté**.
briller → La salle de réception où les lustres ont **brillé**.

Grammaire 21 — Le participe passé ou le verbe conjugué à un temps simple

- Il ne faut pas confondre le **participe passé** de certains verbes terminés par **-u**, **-i**, **-t** et les **formes conjuguées** de ces mêmes verbes au présent de l'indicatif ou au passé simple.

  un homme conn**u** Il a conn**u** la gloire. Il conn**ut** la gloire.
  un poulet rôt**i** Le poulet a rôt**i** lentement. Le poulet rôt**it** lentement.
  un mur pein**t** Il a pein**t** un mur. Il pein**t** le mur.

- Lorsqu'on peut mettre le mot à l'imparfait, on a une forme conjuguée du verbe et il faut alors écrire la terminaison qui convient : **-us**, **-ut**, **-is**, **-it**, **-t**, **-s**.

  Il conn**ut** la gloire. Il conn**aissait** la gloire.
  Je conn**us** la gloire. Je conn**aissais** la gloire.
  Le poulet rôt**it** lentement. Le poulet rôt**issait** lentement.
  Tu rôt**is** au soleil. Tu rôt**issais** au soleil.
  Il pein**t** le mur. Il peign**ait** le mur.
  Je pein**s** le mur. Je peign**ais** le mur.

- Dans le cas contraire, c'est le participe passé qui s'accorde éventuellement.

  un homme connu - des homme**s** connu**s** - des femme**s** connu**es**
  un poulet rôti - des poulet**s** rôti**s** - des volaille**s** rôti**es**
  un mur peint - des mur**s** peint**s** - des façade**s** peint**es**

1 Accordez les participes passés de ces verbes employés comme adjectifs.

(atteindre) une cime .... des objectifs ....
(décevoir) des espoirs .... une personne ....
(moudre) du café .... des grains ....
(réussir) un film .... une fête ....
(tenir) un pari .... des promesses ....
(franchir) une rivière .... des obstacles ....

2 Écrivez les verbes aux temps de l'indicatif demandés.

	présent	passé simple	passé composé
écrire	tu	tu	tu ....
survivre	elle	elle	elle ....
attendre	on	on	on ....
réfléchir	il	il	il ....

3 Transformez ces expressions selon le modèle.

	passé simple	participe passé
commettre une erreur	Il commit une erreur.	une erreur commise
nourrir les poissons	Je	....
vouloir une victoire	Tu	....
relire une histoire	Je	....
cueillir des fleurs	On	....
résoudre une difficulté	Luc	....

4 Remplacez les mots en couleur par ceux entre parenthèses et accordez.

(les instructions)   Le **conseil** donné a été suivi à la lettre.

....

(les joueurs)   Exclu du terrain, le **joueur** sera suspendu.

....

(l'actrice)   L'**acteur** choisi par le metteur en scène est fou de joie.

....

(les chaises)   Le **vaisselier** verni sera rapidement vendu.

....

(les feuilles)   Le **questionnaire** rempli sera ramassé par le professeur.

....

5 Complétez par le participe passé (qui peut s'accorder) ou le verbe conjugué au passé simple.

(avoir)   La gelée d'avril .... un effet désastreux dans les vergers.

(traduire)   Ce roman est .... en plusieurs langues.

(réagir)   La situation était dramatique et vous avez .... calmement.

(servir)   .... fraîches, ces boissons nous désaltèrent.

---

mémo futé

Attention, car certains participes passés se terminent par **-is**, même au masculin singulier.

un lapin surpr**is** par le chasseur → des lapins surpr**is** par le chasseur

une perdrix surpr**ise** par le chasseur → des perdrix surpr**ises** par le chasseur

Grammaire 22 — Les propositions indépendantes, coordonnées, juxtaposées

- Une proposition **indépendante** comporte un seul verbe conjugué et forme une phrase à elle seule. Elle ne dépend d'aucune autre proposition et aucune autre proposition ne dépend d'elle.

  Sami garde le silence.   **Chacun s'étonne de son attitude.**
  proposition indépendante   proposition indépendante

- Les propositions **juxtaposées** sont séparées par une virgule, un point-virgule ou deux-points.
  Sami garde le silence ; chacun s'étonne de son attitude.

- Les propositions **coordonnées** sont **reliées** par une conjonction de coordination, une locution conjonctive ou un adverbe de liaison.
  Sami garde le silence et chacun s'étonne de son attitude.

- Dans une même phrase, il est possible de rencontrer des propositions juxtaposées et des propositions coordonnées.
  Tom suit le couloir, il frappe   et   il entre dans la salle, car il a rendez-vous.
  prop. juxtaposée   prop. juxtaposée   prop. coordonnée   prop. coordonnée

- Dans les propositions coordonnées ou juxtaposées, le groupe sujet ou le verbe peuvent être supprimés. Ce sont des propositions **elliptiques**.
  Je relis ma copie et la remet au professeur. → ellipse du sujet
  Lisa préfère le cours de français ; Alex celui d'anglais. → ellipse du verbe

1 Dans ces phrases, indiquez la nature des propositions : indépendantes (I), juxtaposées (J) ou coordonnées (C).

Chloé a une belle voix et elle compte se présenter à un concours de chant. → ....

La mairie décide d'installer une sculpture au centre du carrefour Gambetta. → ....

Le cyclope s'endort, car Ulysse lui a fait boire beaucoup de vin. → ....

Le voleur vient d'être arrêté ; ses empreintes digitales l'ont trahi. → ....

Mon oncle possède une montre d'une grande valeur ; il ne s'en séparera jamais. → ....

Les falaises d'Étretat servent de décor aux aventures d'Arsène Lupin. → ....

Tu consulteras un médecin ou tu te rendras aux urgences de l'hôpital. → ....

2 Transformez ces propositions coordonnées en propositions juxtaposées.

Tous les passagers sont à bord, donc les marins larguent les amarres.

....

Le terrain est impraticable, par conséquent la finale de rugby a été annulée.

....

3 **Transformez ces propositions juxtaposées en propositions coordonnées.**

Lilian a mal à la gorge ; il boit trois cuillères de sirop.

....

Tu as hâte d'être à samedi : c'est le jour de ton anniversaire.

....

4 **Transformez les deux propositions indépendantes en propositions juxtaposées, puis en propositions coordonnées.**

Mehdi fait la queue devant le guichet. Il tient absolument à voir ce film.

....

....

Justine ne sait pas écrire ce mot. Elle consulte un dictionnaire.

....

....

Le professeur nous montre une reproduction de Van Gogh. Il attend nos réactions.

....

....

5 **Transformez ces phrases nominales en phrases verbales dont les propositions seront juxtaposées, puis coordonnées.**

Hôpital à proximité : silence !

....

....

Fusée sur le pas de tir. Décollage imminent.

....

....

Travaux en cours. Déviation obligatoire.

....

....

mémo futé

Les **phrases nominales** n'ont pas de verbe. Ce sont le plus souvent des propositions indépendantes, mais elles peuvent être coordonnées ou juxtaposées.

De bonnes intentions, mais manque de persévérance.
Beaucoup d'agitation, peu de résultats.

Grammaire 23 — Les compléments circonstanciels

Les compléments circonstanciels indiquent les circonstances de l'action ou de l'état exprimé par le verbe. Ils peuvent exprimer :
– le lieu : **Marie range ses bijoux dans un coffret**.
– le temps : **Demain, nous n'aurons pas cours**.
– la manière : **Le vendeur dispose les vêtements avec beaucoup de soin**.
– le but : **Pour réussir un soufflé, il faut bien régler le thermostat**.
– la cause : **Je ne peux plus parler parce que j'ai la gorge nouée**.
– le moyen : **Les moines copistes écrivaient à l'aide de plumes d'oie**.
– la conséquence : **Tu enregistres le document, ainsi il sera sauvegardé**.
– la concession : **Le voilier file malgré les vents contraires**.

Le plus souvent, les compléments circonstanciels peuvent être déplacés ou supprimés.

1 Complétez les phrases avec des compléments circonstanciels de lieu.

Une péniche est restée bloquée ....

La troupe de Molière se produisait ....

Surtout ne pose jamais les mains ....

...., de nombreux romanciers dédicacent leurs livres.

L'équipe de France de surf s'entraîne ....

Les scènes principales de ce film se déroulent ....

2 Complétez les phrases avec des compléments circonstanciels de temps.

...., les rues de la vieille ville sont interdites à la circulation.

M. Blanchet allume la chaudière ....

Marion a beaucoup pleuré ....

Pourquoi ce magasin n'était-il pas ouvert .... ?

...., les touristes se rendent en nombre à Venise.

En France, les autoroutes sont .... gratuites.

3 Complétez les phrases avec des compléments circonstanciels de but.

Tu prépares un exposé sur les Aztèques ....

Le 1er mai, nous parcourons le sous-bois ....

Le pilier de rugby soulève des tonnes de fonte ....

Je mélange la farine, les œufs et le lait ....

La chanteuse saisit le micro ....

...., il faut que ta copie soit exempte d'erreurs.

4 Complétez les phrases avec des compléments circonstanciels de manière.

Vous avez accueilli le nouveau professeur ....
Le chef d'orchestre leva .... sa baguette et le concert débuta.
...., je suis sûr que vous résoudrez ce problème.
Les enfants se précipitent au pied du sapin de Noël ....
Les déménageurs soulèvent le piano ....
Imprudente, Victoria a traversé la rue ....
Le peintre observe .... son modèle, puis il choisit ses couleurs.

5 Recopiez les phrases en déplaçant les compléments circonstanciels.

Tu prends un escabeau afin de placer la tringle du rideau du salon.
....
Puisque la mer se retire, nous pouvons ramasser des coquillages.
....
Pendant l'éclipse, l'obscurité se fait car la lune cache le soleil.
....
Tu ferais mieux de réviser tes leçons au lieu de jouer avec ta console.
....

6 Complétez les phrases avec des compléments circonstanciels de votre choix.

Ce conducteur a dû payer une amende ....
Ton cœur bat bien trop vite ....
Alex s'aperçoit qu'il a oublié de noter le numéro ....
...., le guide propose de faire une pause.
...., la régate a été annulée.
Nous nous sommes rendus à la bibliothèque ....
Les enquêteurs ont trouvé des indices ....
...., Samuel terminera son exercice demain.

---

mémo futé

Le complément circonstanciel peut être :
– un nom : Je me mets à table.
– un groupe nominal : La semaine dernière, tu étais absent.
– un adverbe : La sonnerie retentira bientôt.
– une proposition subordonnée : Tu es malade parce que tu as pris froid.
– un gérondif : En partant, n'oublie pas de fermer la porte.

Conjugaison 24 — Le présent de l'indicatif des verbes du 2ᵉ et 3ᵉ groupes

- Au présent de l'indicatif, les verbes du 2ᵉ et du 3ᵉ groupe ont les mêmes terminaisons : **-s**, **-s**, **-t**, **-ons**, **-ez**, **-ent**.

- Pour les verbes du 2ᵉ groupe, on intercale l'élément **-ss-** entre le radical et la terminaison pour les personnes du pluriel.
  nous réussissons – vous agissez – ils pâlissent

- Les verbes du 3ᵉ groupe terminés par **-dre** à l'infinitif conservent généralement le **d** de leur radical aux trois personnes du singulier.
  je descends – tu comprends – elle attend
  Exceptions : les verbes terminés par **-indre** et **-soudre** à l'infinitif perdent le **d**.
  je peins – tu crains – il résout

- Certains verbes du 3ᵉ groupe (et ceux de la même famille) ont des formes irrégulières.
  aller : je vais – tu vas – il va – ils vont
  faire : nous faisons – vous faites – ils font
  dire : nous disons – vous dites – ils disent
  venir : je viens – tu viens – il vient – ils viennent
  voir : nous voyons – vous voyez – ils voient
  paraître : je parais – il paraît – nous paraissons – ils paraissent
  s'asseoir : je m'assieds – il s'assied – nous nous asseyons – ils s'asseyent
  ou je m'assois – il s'assoit – nous nous assoyons – ils s'assoient

1 Conjuguez les verbes au présent de l'indicatif.

dire la vérité

Nous ....

Vous ....

Les témoins ....

s'asseoir sur un banc

Je ....

Nous ....

Les spectateurs ....

2 Écrivez les verbes entre parenthèses au présent de l'indicatif.

(tondre) Le voisin ne .... jamais sa pelouse le dimanche.

(se munir) Pour tracer une belle rosace, vous .... d'un compas.

(entrevoir) La paix n'est pas encore signée, mais on .... un cessez-le-feu.

(se nourrir) Les végétariens ne .... que de fruits et de légumes.

(prescrire) Le médecin .... un sirop contre la toux à Benjamin.

(perdre) Gaspard .... régulièrement ses lunettes de soleil.

(mordre) Pour le goûter, je .... à belles dents dans une pomme.

3 Écrivez ce texte au présent de l'indicatif.

L'an prochain, Baptiste apprendra à jouer de la guitare en compagnie de son ami Valentin. Chaque mercredi, ils suivront un cours collectif. Le professeur choisira d'abord un morceau assez simple. Les élèves reproduiront ensuite quelques accords, et les difficultés apparaîtront. Mais peu à peu, ils verront leurs efforts récompensés.

Cette année, ...

....

....

....

....

4 Écrivez les verbes entre parenthèses au présent de l'indicatif.

(se dissoudre)   Le sucre .... facilement dans le café ou le thé.

(recoudre)   La couturière .... l'ourlet de la jupe.

(revenir)   Ces journalistes .... d'un reportage au Pakistan.

(apercevoir)   Nous .... enfin la fin de ce travail harassant.

(confondre)   Le daltonien .... certaines couleurs.

(vouloir)   Je .... prendre un raccourci, car je suis en retard.

5 Écrivez les verbes en couleur à la personne correspondante du singulier.

Ces joueurs ne **se plaignent** jamais de l'arbitrage.

....

Nous **lisons** attentivement l'énoncé et nous **résolvons** le problème.

....

À la fin de la journée, les autobus **rejoignent** le dépôt.

....

Vous **recevez** de nombreux SMS de vos amis.

....

---

mémo futé

Les verbes terminés par **-indre** et **-soudre** à l'infinitif ont des formes particulières aux personnes du pluriel.

Nous **peignons** les murs.   Nous **résolvons** l'énigme.
Vous **peignez** les murs.   Vous **résolvez** l'énigme.
Ils **peignent** les murs.   Elles **résolvent** l'énigme.

Conjugaison 25 — Le présent de l'indicatif des verbes comme *céder* et *semer*, *-eler* et *-eter*

L'araignée règne !

- Les verbes comme **céder** changent l'accent aigu de l'avant-dernière syllabe en accent grave devant une terminaison muette.
  je cè**de – tu accél**è**res – elle r**è**gne – ils s**è**chent**

- Les verbes comme **semer** prennent un accent grave sur l'avant-dernière syllabe devant une terminaison muette.
  je sè**me – tu soup**è**ses – il prél**è**ve – elles se surm**è**nent**

- Les verbes du 1er groupe terminés par **-eler** et **-eter** à l'infinitif s'écrivent généralement avec deux **l** ou deux **t**.
  je nivell**e – tu appe**ll**es – elle je**tt**e – ils chance**ll**ent**

- Quelques verbes comme *acheter, geler, haleter, marteler, fureter, modeler, écarteler, peler* ne doublent pas le **l** ou le **t**, mais s'écrivent avec un **è**.
  je furè**te – tu ach**è**tes – il g**è**le – elle p**è**lent**

En cas de doute, il faut consulter un dictionnaire ou un livre de conjugaison.

1 Conjuguez les verbes au présent de l'indicatif.

repérer un abri

Je ....
Tu ....
Théo ....
Nous ....
Vous ....
Les marins ....

régler ses phares

Je ....
Tu ....
Le conducteur ....
Nous ....
Vous ....
Les motards ....

2 Écrivez les verbes entre parenthèses au présent de l'indicatif.

(accélérer) Tu .... pour passer devant tes concurrents.
(se désaltérer) Je .... à l'eau de la source fraîche.
(soulever) Tu .... ces cartons de livres avec peine.
(tolérer) M. Lopez ne .... aucun bruit pendant son cours.
(exagérer) Vous .... toujours lorsque vous racontez vos exploits.
(zébrer) Au-dessus des cimes, des éclairs .... le ciel.
(assécher) Les agriculteurs .... les marais pour les cultiver.
(posséder) Je .... une assez belle collection de papillons.
(s'avérer) Émilie .... une redoutable concurrente.

3 Conjuguez les verbes au présent de l'indicatif.

cacheter une lettre	épeler un mot
Je	J' ....
Tu	Tu ....
Le postier	Malik ....
Nous	Nous ....
Vous	Vous ....
Les secrétaires	Les élèves ....

4 Écrivez les verbes entre parenthèses au présent de l'indicatif.

(peler) Je .... les pommes avant de les couper.

(s'amonceler) De gros nuages noirs .... à l'horizon : il va pleuvoir.

(déchiqueter) La lionne .... la carcasse de la gazelle.

(renouveler) Vous ne .... pas votre abonnement à ce magazine.

(congeler) Les pêcheurs .... les poissons à bord du chalutier.

(modeler) Le sculpteur et son élève .... des figurines de terre cuite.

(ensorceler) La fée Viviane .... l'enchanteur Merlin.

(harceler) Pourquoi est-ce que tu nous .... de questions ?

(relever) Un peu de cerfeuil .... le goût de ce plat.

5 Remplacez les verbes en couleur par ceux entre parenthèses sans changer de temps.

(se succéder) Les jours **se suivent**, mais ne se ressemblent pas.

....

(pénétrer) Tu **entres** à tâtons dans la salle la plus obscure du château.

....

(acheter) Je **prévois** des sandwichs pour le pique-nique.

....

(caqueter) Les poules **se réfugient** dans la basse-cour.

....

mémo futé

Au Moyen Âge, en ancien français, lorsque l'on écrivait tous les livres à la main, il n'y avait pas d'accents. Pendant la Renaissance, on les a introduits, dans certains cas, pour marquer des prononciations différentes ; mais, dans d'autres circonstances, on a continué à doubler les consonnes. Cela explique peut-être pourquoi il est si difficile de s'y retrouver aujourd'hui…

Conjugaison 26 — L'imparfait de l'indicatif

- À l'imparfait de l'indicatif, tous les verbes ont les mêmes terminaisons :
-**ais**, -**ais**, -**ait**, -**ions**, -**iez**, -**aient**.

| je fix**ais** | tu grandiss**ais** | elle cour**ait** |
| nous pens**ions** | vous agiss**iez** | ils descend**aient** |

- Devant les terminaisons débutant par **a**, les verbes terminés par **-cer** à l'infinitif prennent une cédille sous le **c** et ceux terminés par **-ger** prennent un **e** après le **g**.
elle commençait ; ils fonçaient ; il relançait mais **nous nous placions**
je nageais ; elle nageait ; ils nageaient mais **vous nagiez**

- Pour certains verbes, la prononciation des formes du présent et de l'imparfait de l'indicatif est presque semblable aux deux premières personnes du pluriel. Pour éviter la confusion, on peut penser à la personne correspondante du singulier.

présent	imparfait
nous négocions → je négocie	**nous négociions** → je négociais
vous payez → je paie	**vous payiez** → je payais
nous veillons → je veille	**nous veillions** → je veillais
nous nous soignons → je me soigne	**nous nous soignions** → je me soignais

1 Écrivez les verbes aux temps demandés.

	présent de l'indicatif	imparfait de l'indicatif
manger du pain	je	je ....
lancer la boule	ils	ils ....
avancer vite	il	il ....
espacer ses visites	j'....................	j'....................
bouger la tête	elles	elles ....
nager le crawl	vous	vous ....
se protéger	tu	tu ....
allonger le pas	nous	nous ....

2 Écrivez les verbes entre parenthèses à l'imparfait de l'indicatif.

(remplacer)   Chaque année, M. Léo .... les vitres brisées.
(plonger)   Pour retrouver mon bracelet, je .... plusieurs fois.
(inspirer)   Les Muses .... les poètes grecs.
(éclater)   Au moindre reproche, vous .... en sanglots.
(mentir - s'allonger) Quand Pinocchio ...., son nez ....

3 **Complétez ces phrases avec des verbes du 2ᵉ groupe que vous écrirez à l'imparfait de l'indicatif.**

Autrefois, on affra............................ souvent les lettres avec des timbres de collection.
Les premiers aviateurs att............................ comme ils pouvaient !
De ce belvédère, nous jou............................ d'une vue exceptionnelle.
Gênées par le soleil, vous ralen............................ pour éviter tout accident.
Sous les projecteurs, tu respl............................ de bonheur.
Les chercheurs d'or s'enri............................ en peu de temps, mais cela ne durait pas !
Les lances des pompiers refroi............................ la cuve de mazout en feu.
Le boulanger de la Roche-Vineuse four............................ toutes les familles du canton.
Quand vous le pouviez, vous choi............................ les produits les plus frais.
Tu fini............................ souvent tes exercices en avance.

4 **Écrivez les verbes entre parenthèses à l'imparfait de l'indicatif.**

(connaître)   Vous .... Aurélie depuis l'école maternelle.
(faire)   Un peu déçus, nous .... pourtant bonne figure.
(boire)   Après une partie de tennis, je .... un litre d'eau.
(voir)   Au fil des jours, tu .... fondre tes économies.
(produire)   Les forêts de l'Ardèche .... des tonnes de châtaignes.
(extraire)   Des mines de Lorraine, on .... du charbon de médiocre qualité.
(écrire)   Au CM2, j'..................... de longs poèmes pour m'amuser.
(suffire)   S'il .... de le dire pour que mon rêve se réalise !
(cuire)   Les carottes .... à feu doux.
(dire)   « Rentrons. » Depuis une heure, je ne .... pas autre chose.
(s'enduire)   Avant le combat, les lutteurs romains .... d'huile.
(peindre)   Léonard de Vinci .... avec une étonnante maîtrise.

mémo futé

Pour certains verbes du 3ᵉ groupe, le radical est modifié. (C'est la même modification qu'à la 1ʳᵉ personne du pluriel du présent de l'indicatif.)

connaître	→ je **connais**sais	écrire	→ j'**écriv**ais
dire	→ elle **dis**ait	éteindre	→ elle **éteign**ait
voir	→ je **voy**ais	reproduire	→ il **reproduis**ait
faire	→ je **fais**ais	boire	→ je **buv**ais

Conjugaison 27 — Le futur simple de l'indicatif

- Au futur simple de l'indicatif, tous les verbes ont les mêmes terminaisons :
-ai, -as, -a, -ons, -ez, -ont.

- Pour la plupart des verbes du 1er groupe et pour les verbes du 2e groupe, ces terminaisons s'ajoutent à l'infinitif.
je marcherai - tu faibliras - elle abandonnera - nous applaudirons - vous classerez - ils réfléchiront

- Pour les verbes du 1er groupe terminés par **-yer**, **-eler**, **-eter**, ainsi que pour les verbes comme **semer** et **céder**, on retrouve les mêmes modifications qu'au présent de l'indicatif devant le **e** muet.
appuyer → j'appuierai   appeler → tu appelleras   geler → il gèlera
acheter → nous achèterons   semer → vous sèmerez   céder → elles cèderont

- Pour un certain nombre de verbes du 3e groupe, le radical subit des modifications.
aller → j'irai   venir → tu viendras   cueillir → il cueillera
faire → nous ferons   tenir → vous tiendrez   pouvoir → ils pourront
s'asseoir → je m'assiérai ou s'asseoir → tu t'assoiras   falloir → il faudra
courir → nous courrons   devoir → vous devrez   mourir → ils mourront

1 Écrivez les verbes au futur simple de l'indicatif.

payer la facture
Je ....
Tu ....
Paul ....
Nous ....
Vous ....
Les clients ....

déjouer les pièges
Je ....
Tu ....
Sandra ....
Nous ....
Vous ....
Les candidats ....

2 Écrivez les verbes entre parenthèses au futur simple.

(renouer) On espère que les joueurs .... avec la victoire.
(avertir) Une bande-annonce .... les téléspectateurs sensibles.
(évaluer) Le feu maîtrisé, les pompiers .... l'étendue des dégâts.
(venir) Tu .... m'aider à terminer ce puzzle de mille pièces.
(bénéficier) En marchandant, vous .... d'une petite réduction.
(tenir) Je .... fermement la barre de mon embarcation.
(déplier) Pour étudier l'itinéraire, nous .... la carte routière.

3 **Complétez avec un pronom personnel qui convient.**

.... empaquetterons les cadeaux.
.... amoncellera des trésors.
.... cachetterez les documents.
.... pèlerai des fruits.
.... achèterons des timbres.

.... grommelleront dans leur barbe.
.... feuilletteras l'atlas.
.... te harcèlerai de questions.
.... épellera les mots difficiles.
.... dételleront la jument.

4 **Écrivez les verbes en couleur au futur simple en utilisant les sujets proposés.**

voir les conséquences et **revenir** sur ses décisions

Tu ....
Les ministres ....
Vous ....

5 **Écrivez les verbes en couleur au futur simple.**

En vue de l'arrivée, vous **appuyez** sur les pédales.

....

Tu n'**as** pas **jeté** les bouteilles en verre avec les déchets.

....

Je **nettoyais** mes lunettes pour mieux admirer le panorama.

....

6 **Écrivez les verbes entre parenthèses au futur simple.**

(savoir)   Nous .... demain si nous partons en voyage scolaire.
(être)   Nous .... ravies que tu puisses venir samedi prochain.
(valoir)   Dans quelques années, cet objet .... une fortune.
(devoir)   Le renard .... jeûner : le poulailler est fermé !
(courir)   S'il est en forme, Saïd .... le marathon de Paris.
(acquérir) Ce médecin .... un grand prestige en sauvant des vies.

---

mémo futé

Au futur simple, les verbes **être** et **savoir** ont des prononciations proches. Il faut bien examiner le sens de la phrase ou changer de temps pour ne pas les confondre.

Je **serai** sous un abri.   Je **suis** sous un abri.   → verbe **être**
Je **saurai** où m'abriter.   Je **sais** où m'abriter.   → verbe **savoir**

Le verbe **envoyer** présente des formes particulières.
j'enverrai – tu enverras – il enverra – nous enverrons – vous enverrez – ils enverront

Conjugaison 28 — Le passé simple de l'indicatif

- Au passé simple, tous les verbes du 1er groupe prennent les mêmes terminaisons : **-ai**, **-as**, **-a**, **-âmes**, **-âtes**, **-èrent**.
  je ski**ai** – tu entr**as** – il cri**a** – nous rêv**âmes** – vous jou**âtes** – elles pens**èrent**

- Tous les verbes du 2e groupe – et beaucoup de verbes du 3e groupe – prennent les mêmes terminaisons : **-is**, **-is**, **-it**, **-îmes**, **-îtes**, **-irent**.
  je franch**is** – tu pr**is** – il ralent**it** – nous sort**îmes** – vous réuss**îtes** – ils descend**irent**

- Un certain nombre de verbes du 3e groupe comme **courir**, **pouvoir**, **connaître**, **recevoir**, font leur passé simple en **-us**, **-us**, **-ut**, **-ûmes**, **-ûtes**, **-urent**.
  ils parcour**urent** – ils p**urent** – il s**ut** – il conn**ut** – ils reç**urent**

- Les verbes des familles de **tenir** et **venir** ont des terminaisons particulières : **-ins**, **-ins**, **-int**, **-înmes**, **-întes**, **-inrent**.
  je t**ins** – tu v**ins**
  ils obt**inrent** – ils parv**inrent**

1 Complétez avec un pronom personnel qui convient.

.... abattis toutes les quilles.   .... descendit à la cave.
.... fis un saut périlleux.   .... lut la préface du roman.
.... sortis dans les premiers.   .... rompis le silence.
.... éteignirent la télévision.   .... vécurent en Australie.
.... aperçûmes la porte de sortie.   .... ne crûtes pas mon histoire.

2 Écrivez les verbes en couleur au passé simple.

Tu **as suivi** mes conseils et tu t'en **es** bien **porté**.

....

Marcel **a fait** un écart ; il **a heurté** le mur.

....

Cette nuit, vous **avez perçu** un léger tremblement de terre.

....

Duguesclin **est mort** devant Châteauneuf-de-Randon.

....

Des barrières métalliques **ont interdit** l'accès de la ligne d'arrivée.

....

3 Conjuguez les verbes au passé simple.

changer une roue

Je ....
Tu ....
Véronique ....
Nous ....
Vous ....
Les mécaniciens ....

voyager seul

Je ....
Tu ....
Huguette ....
Nous ....
Vous ....
Les enfants ....

4 Écrivez les verbes entre parenthèses au passé simple.

(nager)   Tu .... pour rejoindre le petit canot.
(lancer)   M. Florès .... une énorme plaisanterie.
(fléchir)   Sous le poids du buffet, le déménageur ....
(réagir)   Tu .... violemment devant un telle injustice.
(accueillir)   La Bastille .... quelques prisonniers célèbres.
(sacrifier)   Le champion d'échecs .... son pion pour prendre une tour.

5 Complétez avec des verbes de la famille des verbes en couleur ; vous les écrirez au passé simple.

venir

Nous par........................... difficilement à maîtriser notre étonnement.

Le surveillant inter........................... pour séparer deux élèves qui se querellaient.

Les chiens de garde de........................... subitement agressifs.

Tu sub........................... aux besoins de tes grands-parents pendant des années.

mettre

Lors de la finale, le judoka com........................... une erreur fatale.

Tu ad........................... enfin la vérité.

La radio trans........................... des messages toute la nuit.

Les bourgeois de Calais re........................... les clés de la ville aux Anglais.

---

mémo futé

Attention, quelques verbes du 3ᵉ groupe modifient leur radical.

naître → ils **naqu**irent ; vivre → ils **vécu**rent ; devoir → il **dut** ; faire → il **fit**

N'oubliez pas que le passé simple est le temps du récit et que les deux premières personnes du pluriel ne sont plus guère employées.

Conjugaison 29 — Les temps composés de l'indicatif

- Le **passé composé** est formé du présent de l'indicatif de l'auxiliaire (*avoir* ou *être*) et du participe passé du verbe à conjuguer.
  il chante ; il **a** chanté   je pars ; je **suis** parti(e)

- Le **plus-que-parfait** est formé de l'imparfait de l'indicatif de l'auxiliaire (*avoir* ou *être*) et du participe passé du verbe à conjuguer.
  il chantait ; il **avait** chanté   je partais ; j'**étais** parti(e)

- Le **passé antérieur** est formé du passé simple de l'indicatif de l'auxiliaire (*avoir* ou *être*) et du participe passé du verbe à conjuguer.
  il chanta ; il **eut** chanté   je partis ; je **fus** parti(e)

- Le **futur antérieur** est formé du futur simple de l'indicatif de l'auxiliaire (*avoir* ou *être*) et du participe passé du verbe à conjuguer.
  il chantera ; il **aura** chanté   je partirai ; je **serai** parti(e)

1 Conjuguez les verbes au plus-que-parfait.

demeurer sans voix

J' ....
Tu ....
Le chanteur ....
Nous ....
Vous ....
Les journalistes ....

chercher un taxi

J' ....
Tu ....
M. Madiot ....
Nous ....
Vous ....
Les retardataires ....

2 Écrivez les verbes entre parenthèses au passé antérieur.

(comparer) Quand j' .... ces deux parfums, je choisis le premier.
(perdre)   Lorsque tu .... trois fois de suite, tu arrêtas de jouer.
(arrêter)   Dès que le conducteur .... le moteur, il ôta sa veste.
(terminer) Quand les correcteurs .... , on annonça les résultats.
(savourer) Après que vous .... ce plat, vous félicitâtes le cuisinier.
(ouvrir)   Aussitôt qu'il .... son cadeau, Békir poussa un cri de joie.
(choisir)   Quand elle .... un bonnet, Laura l'essaya.
(dormir)   Après que nous .... douze heures, nous nous réveillâmes.
(franchir) Dès que .... la porte, tu sentis une odeur étrange.
(tournoyer) Après que le cerf-volant .... un instant, il s'écrasa.

3 Changez les sujets en respectant les temps.

Quand j'aurai atteint la cible, je recevrai la coupe du vainqueur.

Quand nous ....

Quand les archers ....

Quand tu ....

Quand le tireur ....

Quand vous ....

4 Écrivez les verbes en couleur au futur antérieur.

siffler

Quand l'arbitre .... la fin du match, les joueurs regagneront le vestiaire.

rentrer

Dès que nous ...., nous allumerons un feu de cheminée.

comprendre

Lorsque vous .... où se trouve l'erreur, vous la corrigerez.

larguer

Aussitôt que le bateau .... les amarres, il s'éloignera de la jetée.

5 Écrivez les verbes en couleur aux temps qui conviennent. (Attention à l'accord des participes passés.)

creuser

Les ouvriers posèrent le câble quand ils .... la tranchée.

parvenir

Quand nous .... au sommet, nous soufflerons un instant.

régler

Le mécanicien .... si bien .... le moteur qu'il ne vibrait plus.

---

mémo futé

Seul le participe passé employé avec l'auxiliaire **être** s'accorde avec le mot principal du groupe sujet du verbe.

Je suis rest**ée** chez moi. (*Si c'est une femme qui parle.*)
Mes voisins sont rest**és** chez eux.   **Mes voisines** sont rest**ées** chez elles.

Le participe passé employé avec l'auxiliaire **avoir** s'accorde avec le complément d'objet direct lorsque celui-ci le précède dans la phrase.

Voici les disques que j'ai achetés.   Voici les chaussures que j'ai achetées.

Conjugaison 30 — Le présent du conditionnel

- Au présent du conditionnel, tous les verbes prennent les mêmes terminaisons **-ais**, **-ais**, **-ait**, **-ions**, **-iez**, **-aient**, toujours précédées de la lettre **r**.

- Pour les verbes des 1ᵉʳ et 2ᵉ groupes, l'infinitif se retrouve en entier, comme au futur simple, pour toutes les personnes.
j'oublierais – tu pleurerais – elle obéirait – nous finirions

- Pour certains verbes, on retrouve les mêmes modifications du radical qu'au futur simple.
essayer → j'essaierais ; apprendre → j'apprendrais ; devoir → cela devrait ; courir → tu courrais ; appeler → nous appellerions

1 Observez le modèle et écrivez les verbes aux temps et aux formes demandés.

	futur simple de l'indicatif	présent du conditionnel
Tu rougis de plaisir.	*Tu rougiras de plaisir.*	*Rougirais-tu de plaisir ?*
Les policiers accourent.	....	....
Je franchis la rivière.	....	....
Nous copions le résumé.	....	....
Tu te piques le doigt.	....	....
Vous vous endormez.	....	....
Elle gare sa voiture.	....	....
Nous scions des bûches.	....	....
Je ne bois pas de vin.	....	....

2 Écrivez les verbes entre parenthèses au présent du conditionnel.

(pratiquer) Si la plaie s'infectait, le chirurgien .... une incision.

(supporter) Nous étions sûrs que vous ne .... pas tout ce bruit.

(déménager) Toi, tu .... pour t'installer à Bordeaux ?

(bénéficier) Si tu attendais quelques jours, tu .... des soldes.

(aimer) Qui n' .... pas devenir riche et célèbre ?

(retrouver) Si je consultais Internet, je .... l'adresse de M. Pauly.

(peser) Si les chocolats faisaient maigrir, nous ne .... pas lourd !

(accepter) Si cela peut vous aider, nous .... volontiers un échange.

3 Écrivez le premier verbe à l'imparfait de l'indicatif et le second au conditionnel présent.

S'il pleut, nous chercherons des escargots.

....

Si vous avez du tact, vous éviterez de l'importuner.

....

Si vous visionnez ce film, peut-être vous plaira-t-il ?

....

Si tu veux te rendre utile, tu nettoieras la terrasse.

....

4 Écrivez les verbes entre parenthèses au présent du conditionnel.

(savoir) Je pensais que Gladys .... contenir sa colère.

(être) Tous les professeurs estimaient que David .... un grand pianiste.

(mourir) Le forestier déclarait que, faute de traitement, ce chêne ....

(valoir) Si cette voiture était neuve, elle .... une fortune !

(tenir) Comment ? J'apprends que vous ne .... pas vos promesses.

(avoir) ....-vous dix euros à me prêter ?

(devenir) Que .... les petits villages sans leur école ?

5 Écrivez les verbes entre parenthèses au futur simple de l'indicatif ou au présent du conditionnel, selon le sens.

(guérir) Si tu prenais ce médicament, tu .... en une semaine.

(cueillir) M. Demont croit que vous ne .... guère de cerises.

(offrir) Puisque tu adores ce disque, je te l' .... pour Noël.

(intervenir) Au cas où vous n'obtiendriez pas satisfaction, nous ....

(pouvoir) Si vous cassez ce vase, l'antiquaire ne .... pas le remplacer.

(s'ennuyer) Si nous restions assis dans un fauteuil, nous ....

(faire) Rémi a coupé la parole à l'orateur ; il .... mieux de se taire.

Pour ne pas confondre la terminaison de la 1re personne du singulier du futur simple de l'indicatif avec la terminaison de la même personne du présent du conditionnel, puisqu'elles ont la même prononciation, il faut penser aux personnes correspondantes du pluriel.

j'essaierai → nous essaierons   j'essaierais → nous essaierions

Conjugaison 31 — Le présent du subjonctif

- Au présent du subjonctif, tous les verbes – précédés de la conjonction **que** – prennent les mêmes terminaisons : **-e, -es, -e, -ions, -iez, -ent**.
  installer → ... que tu install**es** – descendre → ... que vous descend**iez**

- Pour un certain nombre de verbes, le radical peut être modifié, mais les terminaisons restent celles de tous les verbes.
  nourrir → que tu le nourriss**es** – mourir → qu'il meur**e**
  pouvoir → qu'il puiss**e** – conduire → que vous conduis**iez**

- Pour ne pas confondre les formes homophones du singulier du présent de l'indicatif et celles du présent du subjonctif de certains verbes du 3e groupe, il faut penser à la 1re personne du pluriel ou remplacer le verbe employé par un verbe pour lequel on entend la différence.
  Je cours.   → Il faut que je coure.
  Nous courons. → Il faut que nous courions.
  Je viens.   → Il faut que je vienne.

1 Écrivez les verbes aux temps et aux personnes demandés.

	présent de l'indicatif	présent du subjonctif
se peigner	nous	Il faut que nous ....
camper	ils	Il faut qu'ils ....
essayer	vous	Il faut que vous ....
venir	elle	Il faut qu'elle ....
relire	tu	Il faut que tu ....
bondir	je	Il faut que je ....

2 Écrivez les verbes entre parenthèses au présent du subjonctif.

(pouvoir) Mon plus cher désir est que chacun .... s'amuser.
(pleuvoir) Les agriculteurs travaillent bien qu'il .... à verse.
(prendre) Que vous .... l'avion sans moi ? Il n'en est pas question.
(sortir) Que personne ne .... avant la fin du concert.
(être) Quelles que .... les circonstances, M. Bois garde son calme.
(soumettre) Que Yohan nous .... son projet et nous verrons.
(précipiter) Est-il urgent que vous vous .... ?
(rester) Le médecin préfère que nous .... au chaud.

3 Changez le verbe en couleur et écrivez le second au présent du subjonctif.

Dans tes explications, on sait que tu vas au fond des choses.

Dans tes explications, on souhaite ....

Les météorologistes affirment que les vents faibliront.

Les météorologistes doutent ....

Tu penses que je ne verrai pas la prochaine éclipse.

Tu crains ....

Mme Audigier assure que Frédérique se taira.

Mme Audigier exige ....

4 Écrivez le premier verbe à la forme négative et le second au présent du subjonctif.

Tu es convaincue que je saurai résoudre cette énigme.

....

Il est évident que je rejoindrai la côte à la nage.

....

Je crois que Myriam voit la fin de ses ennuis.

....

5 Écrivez les verbes entre parenthèses au présent de l'indicatif ou au présent du subjonctif, selon le sens.

(mourir)   Nous déplorons que cette baleine .... échouée sur la plage.

(lire)   Comme tu .... aisément, pourquoi porterais-tu des lunettes ?

(simplifier)   Il est indispensable que vous .... les calculs.

---

mémo futé

Les deux auxiliaires ont des conjugaisons particulières qu'il faut connaître par cœur.

Il faut que j'aie du courage.   Il faut que je sois courageux.
Il faut que tu aies du courage.   Il faut que tu sois courageux.
Il faut qu'elle ait du courage.   Il faut qu'elle soit courageuse.
Il faut que nous ayons du courage.   Il faut que nous soyons courageux.
Il faut que vous ayez du courage.   Il faut que vous soyez courageux.
Il faut qu'ils aient du courage.   Il faut qu'ils soient courageux.

Attention, ne confondez pas :

    Il faut qu'il ait du courage.   et   Il est courageux.

(Il faut que nous ayons du courage.)   (Nous sommes courageux.)

Conjugaison 32 — Le présent de l'impératif

- L'impératif sert à exprimer un ordre, une prière, un conseil, une recommandation. Il ne se conjugue qu'à trois personnes, sans sujets exprimés.

- À la 2e personne du singulier,
  – les verbes du 1er groupe (et quelques verbes du 3e groupe) se terminent par **e** ;
   march**e** – consol**e**-toi – sign**e** – sach**e** (te modérer) – ai**e** (verbe *avoir*)
  – les autres verbes se terminent par **s**.
   cour**s** – choisi**s** – li**s** – soi**s** (aimable)

- Aux deux personnes du pluriel, tous les verbes ont pour terminaisons **-ons**, **-ez**.
  march**ons** – consol**ons**-nous – sign**ons** – sach**ons** (nous modérer) – cour**ons**
  march**ez** – consol**ez**-vous – sign**ez** – sach**ez** (vous modérer) – cour**ez** – lis**ez**

1 Écrivez les verbes à la deuxième personne du singulier au présent de l'indicatif et au présent de l'impératif.

	présent de l'indicatif	présent de l'impératif
remplacer les piles	*Tu remplaces les piles.*	*Remplace les piles.*
se servir		
revenir sur ses propos		
ne pas se ridiculiser		
conduire calmement		
se maîtriser		
aller chez le boucher		
ne pas se vexer		

2 Transformez selon le modèle.

Il est normal que tu acceptes la défaite. → *Accepte la défaite.*

Il est certain que tu respires mieux. ....

Il faut que nous réagissions au plus vite. ....

Il serait bon que tu graisses ton vélo. ....

Il faut que vous notiez ces conseils. ....

Il est possible que tu vides tes poches. ....

Il faut que vous balayiez le couloir. ....

Il ne faut pas que tu oublies tes clés. ....

3 Écrivez les verbes entre parenthèses à la deuxième personne du singulier de l'impératif présent.

(soutenir)	Camille est en difficulté, ...-la.
(se lever)	L'heure du départ approche, ...
(profiter)	.... du soleil car cela ne durera pas.
(réunir)	.... les documents pour préparer ton exposé.
(s'efforcer)	.... de présenter correctement ton travail.

4 Écrivez les verbes entre parenthèses à la deuxième personne du pluriel de l'impératif présent.

(vouloir)	« .... agréer mes meilleures salutations. »
(archiver)	Ce sont de vieux livres, ...-les.
(éteindre)	.... la lumière avant de vous endormir.
(marquer)	Au stop, ... toujours l'arrêt.
(se méfier)	.... de l'eau qui dort.
(fumer)	Ne .... pas dans les lieux publics.

5 Écrivez les conseils que donne un pêcheur confirmé à un jeune débutant. Il le tutoie et lui demande :

de choisir son emplacement	→ *Choisis ton emplacement*
de déplier sa canne	....
de placer un ver sur l'hameçon	....
d'être patient	....
de ne pas faire de bruit	....
de surveiller son bouchon	....
de tirer un coup sec en cas de prise	....
de bien serrer sa canne	....
de se servir de l'épuisette	....
enfin de bien ranger son matériel	....

mémo futé

Pour que la liaison soit agréable à entendre, on place un **s** à la 2ᵉ personne du singulier, même pour les verbes du 1ᵉʳ groupe, quand ils sont suivis de **en** ou de **y**.

Des disques, achète s-en.   **Au théâtre, retourne s-y.**

conjugaison 33 Voix active – Voix passive

- Pour conjuguer un verbe à la voix passive, on conjugue l'auxiliaire **être** au temps souhaité puis on écrit le participe passé du verbe conjugué.

Exemples pour l'indicatif :

présent	imparfait	passé simple	futur simple
je suis suivi(e)	j'étais suivi(e)	je fus suivi(e)	je serai suivi(e)
ils sont suivis	ils étaient suivis	ils furent suivis	ils seront suivis

passé composé	plus-que-parfait	passé antérieur	futur antérieur
j'ai été suivi(e)	j'avais été suivi(e)	j'eus été suivi(e)	j'aurai été suivi(e)
ils ont été suivis	ils avaient été suivis	ils eurent été suivis	ils auront été suivis

- À la voix passive, le participe passé **s'accorde** toujours avec le sujet, puisqu'il est employé avec l'auxiliaire **être**.

1 Écrivez ces phrases à la voix active (en conservant les mêmes temps).

Le potage est apporté par le serveur.

....

Cette chanson est enregistrée par des musiciens amateurs.

....

Des livres seront envoyés au Soudan par cette association.

....

Une pièce de Molière sera jouée par la classe de 5e C.

....

2 Écrivez ces phrases à la voix passive (en conservant les mêmes temps).

Un ourson friand de miel a détruit la ruche.

....

La tempête arrache les tuiles de tous les bâtiments.

....

L'ostréiculteur ramassait les huîtres.

....

Neil Armstrong a foulé le sol lunaire le 21 juillet 1969.

....

3 Pour chaque phrase, indiquez la voix employée.

	voix active	voix passive
L'oiseau est sorti par la fenêtre.	....	....
Le piano est sorti par les déménageurs.	....	....
Une étrange idée vous est passée par la tête.	....	....
La piste était coupée par une avalanche.	....	....
Pedro est revenu par hasard.	....	....
Les rues sont éclairées par des lampadaires.	....	....
Vous êtes élus par vos camarades.	....	....
Tu t'es promenée par monts et par vaux.	....	....

4 Écrivez ces phrases à la voix passive (attention aux accords).

Le contrôleur a vérifié tous les billets.

....

Mes parents me féliciteront certainement.

....

L'arrivée soudaine du TGV vous a surprises.

....

Ton chat t'a griffée involontairement.

....

5 Complétez chaque phrase avec un complément d'agent de votre convenance.

Les catamarans sont poussés par ....

Après l'orage, le sentier est recouvert par ....

Le téléphérique est emprunté par ....

Le chanteur de rock est acclamé par ....

Le chalet est caché par ....

Il ne faut pas confondre le verbe à la voix passive avec le verbe **être** suivi d'un participe passé marquant l'état.

La façade **est** repeinte.   La façade **est repeinte** par les services municipaux.
→ **Les services municipaux repeignent la façade.**

Conjugaison 34 — Les formes affirmative, négative et impersonnelle

- La forme **affirmative** exprime un fait ou une action qui est, qui se réalise. La forme **négative** exprime un fait ou une action qui n'est pas, qui ne se réalise pas. La forme négative s'oppose à la forme affirmative.
Ce canapé se transforme en lit.   **Ce canapé ne se transforme pas en lit.**

- Pour les temps simples, les deux parties de la négation encadrent le verbe. Pour les temps composés, les deux parties de la négation encadrent l'auxiliaire (et parfois l'auxiliaire et l'adverbe).
Léa n'a pas choisi son orientation.   **Léa n'a toujours pas choisi son orientation.**

- Dans un langage soutenu, le deuxième terme de la locution négative est quelquefois supprimé : **Pierre ne cesse (pas) de raconter la même histoire.**
Inversement, dans un langage relâché, la première partie de la négation peut être omise :
Pierre (n')arrête pas de raconter la même histoire.

- À la forme **impersonnelle**, le sujet du verbe ne représente ni un être ni une chose définis. Les verbes impersonnels ne se conjuguent qu'à la 3e personne du singulier avec le sujet **il** (parfois *ce*, *ça* ou *cela*) de genre neutre.
Il m'arrive une drôle d'aventure.   **Un accident, ça n'arrive pas qu'aux autres.**

1 Écrivez ces phrases à la forme affirmative.

L'éleveur ne vend pas de poulets nourris avec des produits naturels.
....
Alexandre ne comprend rien, et pourtant le texte est écrit en anglais.
....
Ce skieur ne porte ni bonnet ni gants ; il n'est guère prudent.
....

2 Écrivez ces phrases à la forme négative en utilisant les locutions suivantes.

ne … jamais – ne … rien – ne … plus – ne … guère

Cet automobiliste dépasse toujours la vitesse autorisée.
....
Ce nouvel appareil ménager à la forme bizarre sert à tout.
....
Il y a encore de l'eau dans le lac du barrage.
....
Les nappes de brouillard gênent les pilotes lors des atterrissages.
....

3 Écrivez ces phrases à la forme négative.

Ces ampoules consomment beaucoup d'électricité.

....

M. Léandre s'endort toujours sans avoir lu.

....

Les randonneurs ont toutes les raisons de s'inquiéter : il va pleuvoir.

....

Le cascadeur prend des risques en sautant de ce balcon.

....

4 Répondez à ces questions par une phrase à la forme négative, comme dans l'exemple.

Sais-tu jouer de la guitare ? → *Je ne sais pas jouer de la guitare.*

Avez-vous déjà sauté en parachute ? → ....

Thomas a-t-il toujours raison ? → ....

As-tu tout compris ? → ....

Tout le monde peut-il entrer ? → ....

Les prix augmentent-ils encore ? → ....

Écoutes-tu souvent de la musique ? → ....

Gèle-t-il encore ? → ....

5 Écrivez ces phrases à la forme impersonnelle.

Un vent du nord souffle sur les plaines glacées de Sibérie.

....

Des bagages restent sur le tapis roulant de l'aéroport.

....

Des projets d'aventures me viennent à l'esprit.

....

Des manuscrits datant du Moyen Âge existent dans cette bibliothèque.

....

Dans cette cave, des toiles d'araignée pendent au plafond.

....

mémo futé

La phrase peut débuter par un mot négatif.
Personne ne connaît la réponse.   **Jamais** Zoé n'arrivera à l'heure !

Lorsque le verbe est à l'infinitif, les deux parties de la négation se placent avant lui.
Pour **ne pas** mouiller tes chaussures, marche à côté des flaques d'eau.

Achevé d'imprimer en Italie par «La Tipografica Varese S.p.A.» - Dépôt légal : Juin 2012 - Edition 01 - Collection n°48 - 16/0875/1